Die Habsburger

Katrin Unterreiner

Die Habsburger

Mythos & Wahrheit

styria premium

JOSEPH I

Inhalt

Kaiserin Elisabeth

Kronprinz Rudolf

Einleitung

„Stimmt es wirklich, dass Sisi ein Tattoo hatte? Hatte Kronprinz Rudolf nun Syphilis oder nicht und was ist mit den Kronjuwelen der Habsburger passiert?“ Diese und viele andere Fragen rund um die populärsten Mitglieder der Familie Habsburg von Maria Theresia bis Kaiser Karl wurden mir während meiner langjährigen Tätigkeit – zunächst als Fremdenführerin in Wien und danach als Wissenschaftliche Leiterin der Kaiserappartements und Kuratorin des Sisi Museums – immer wieder gestellt. So entstand die Idee zu diesem Buch, in dem die gängigsten Klischees, Legenden und Gerüchte um die Habsburger der historischen Realität gegenübergestellt werden. Mir war dabei wichtig, die Lektüre sowohl leicht lesbar als auch durch Quellenangaben nachvollziehbar zu gestalten und die Primärquellen, die teilweise erstmals publiziert werden können, vorzustellen. Zu den spannendsten Quellen zählen neben den Rezeptbüchern der Hofapotheke die so genannten „Konfidentenberichte“. Aus diesen Spitzelberichten an das Informationsbüro, einer Abteilung des Außenministeriums, geht nicht nur hervor, wer mit wem in näherem Kontakt stand, sondern sie zeichnen auch ein weniger bekanntes Bild der Monarchie. Eine weitere informative Quelle stellen die Akten des Allerhöchsten Privat- und Familienfonds dar, mit denen sich z. B. erstmals belegen lässt, dass Katharina Schratt ein Millionenvermögen von Franz Joseph erhalten hat. Besonderer Dank gilt dem Direktor des Haus-, Hof- und Staatsarchivs, Mag. Thomas Just. Er hat mir nicht nur entscheidende Tipps zu Quellen gegeben, in denen ich Antworten auf meine Fragen fand, sondern mir auch bislang unbekanntes Fotomaterial zu Verfügung gestellt.

Spannende Quellen: Blick in das Habsburg-Lothringische Familienarchiv im Haus-, Hof- und Staatsarchiv.

Maria Theresia

... liebevolle Mutter?

War Maria Theresia, die zumeist als mütterliche Kaiserin beschrieben wird, die an ihren 16 Kindern hing und sich trotz ihrer Rolle als Regentin intensiv mit ihnen beschäftigte, eine liebevolle, milde und gerechte Mutter?

Maria Theresia hatte die schwere Aufgabe, ihre beiden Rollen als Mutter und Monarchin zu vereinen, wobei sie sich selbst in erster Linie als Regentin Österreichs sah und erst in zweiter Linie als Mutter. Sie, die selbst jahrelang um ihre große Liebe, Franz Stephan von Lothringen, gekämpft hatte, war bei ihren eigenen Kindern kompromisslos. Für Maria Theresia standen stets die Staatsinteressen im Vordergrund und sie sah in der Fortführung der traditionellen Heiratspolitik ihre Pflicht als gute Monarchin. Dies galt allerdings für alle Monarchen dieser Zeit und Maria Theresia war in dieser Hinsicht keine Ausnahme. Kaiserlichen, königlichen und fürstlichen Kindern war ihr Schicksal zumeist bereits in die Wiege gelegt. Schon in frühester Kindheit wurde der spätere Lebensweg der Kinder von den Eltern vorbestimmt, die dabei ausschließlich aus politisch-dynastischen Gründen über das Leben ihrer Kinder entschieden. Während sich Maria Theresias Söhne widerspruchslos in ihre Pläne fügten, litten die Töchter wesentlich mehr darunter. Die ausgesuchten Ehemänner waren meist weder anziehend noch intelligent und waren oft selbst über ihre Verheiratung wenig erfreut, was sie ihre jungen Gemahlinnen auch deutlich spüren ließen. Maria Theresia war sich durchaus bewusst, dass

Sie gebar ihrem Mann Kaiser Franz Stephan I. 16 Kinder: Maria Theresia um 1762. Porträt von Jean-Etienne Liotard, Gemäldegalerie Lemberg.

Tochter Marie Antoinette in ihrer Krönungsrobe als Königin von Frankreich. Gemälde von Jean-Baptiste Dagoty Gautier, Schloss Versailles.

diese politischen Ehen oft großes Unglück für ihre Töchter bedeuteten. Erzherzogin Maria Josepha sollte z.B. Ferdinand von Neapel heiraten, von dem bekannt war, dass er ungebildet, grob und abstoßend war. Doch die Verbindung war politisch und geostrategisch von Vorteil und Maria Theresia schrieb an Josephas Erzieherin: „Ich brauche Ihnen nicht zu verheimlichen, dass ich die Vorteile dieser Verbindung sehr gut kenne, dennoch ist mein mütterliches Herz beunruhigt. Ich betrachte die arme Josepha als ein Opfer der Politik. Wenn sie nur ihre Pflichten gegen Gott und Ihren Gatten erfüllt und für ihr Seelenheil sorgt, dann wäre ich zufrieden, selbst wenn sie unglücklich würde."[1] Grund dafür war aber keineswegs mangelnde Liebe, sondern vielmehr politische Notwendigkeit. Gerade die Habsburger stiegen durch ihre konsequent betriebene Heiratspolitik zu einer der führenden Dynastien auf – „Bella gerant alii tu felix Austria nube – Mögen andere Länder Kriege führen, Du glückliches Österreich heirate". Heiratspolitik war für die Machterhaltung der Dynastie – und das war oberste Priorität – eben unerlässlich.

Um ihren Kindern einen guten Start in ihr zukünftiges Leben, das sie zumeist weitab von Wien führten, zu ermöglichen, beschäftigten sich sowohl Maria Theresia als auch Franz Stephan – ganz im Unterschied zu anderen Monarchen der Zeit – intensivst mit der Erziehung und Ausbildung ihrer Nachkommenschaft. Da Maria Theresia als Regentin die Erziehung nicht selbst übernehmen konnte, verfasste sie detaillierte und umfangreiche Erziehungsanweisungen für jedes einzelne Kind. Sie forderte dabei vom Erziehungspersonal auf die Kinder einzugehen, auf ihre charakterlichen Eigenheiten und Talente zu achten, Schwächen auszumerzen oder entgegenzuwirken und den Unterricht so zu gestalten, dass das Interesse der Kinder geweckt werde und sie Spaß am Lernen hätten. Die Anweisungen gingen bis zu genauen Essensvorschriften, in denen die Kaiserin z.B. verlangte, dass die Kinder alle Speisen essen mussten, selbst jene, vor denen sie sich ekelten: „Ich verlange, dass sie von Allem essen sollen und keine Ausstellungen oder Aussuchungen im Essen machen von einem besseren Bissen oder Speise, auch keine Diskurs von Essen selbe halten lassen. Fische essen selbe alle Freitage, Samstage und alle anderen Fasttage. Obwohl Johanna besonders einen Ekel für selbe zeigt, so wäre es ihr nicht angehen zu lassen und sie zu animieren, dass sie sich nicht zu lange dabei aufhalte, indem alle meine Kinder die nämliche Aversion dagegen gezeigt und Alle es müssen überwinden."[2]

Auch wenn es keine fixen Zeiten gab, an denen die Kinder ihre Eltern sahen, und sie theoretisch stets für ihre Kinder zu sprechen war, hatte sie in der Praxis jedoch wenig Zeit. So entwickelten die Kinder zu ihrem Vater ein wesentlich näheres und ungezwungeneres Verhältnis als zu ihrer Mutter. Die engsten Vertrauten waren jedoch die jeweiligen Erzieher und Erzieherinnen – Ajas bzw. Ajos genannt –, die die meiste Zeit mit den Kindern verbrachten und ihnen auch den angemessenen Umgang mit den Eltern beibrachten. So steht im Protokoll des Erziehers des Kronprinzen Joseph, Karl Graf Batthyány, über den Besuch des Elfjährigen bei seinen Eltern: „Sobald er sich den Majestäten nähert, zeige er respektvolle Mine, gehe Ihnen entgegen ohne zu laufen, küsse Ihnen respektvoll und zärtlich die Hand, sehe Sie an während er mit Ihnen rede ... unterhalte sich mit Ihrer Majestät so gut es ihm möglich ist, ohne sich dabei weder auf Sie noch auf ihren Sessel zu stützen. Er bemühe sich, von Zeit zu Zeit einen Blick auf mich zu werfen, damit ich nicht gezwungen bin, Ihn zu korrigieren und es alle Welt bemerke .... Er hüte sich davor, darüber zu sprechen, was in den Zimmern der Majestäten vorgefallen ist, selbst gegenüber seinen teuren Schwestern ist darüber Stillschweigen zu bewahren."[3]

Religion war für Maria Theresia das unerlässliche Fundament der Erziehung. Vor allem ihren Töchtern wurde der feste Glaube an ein von Gott gewolltes Leben anerzogen, das man demütig annehmen und erdulden müsse und nur damit gehor-

sam seine Pflicht gegen den allmächtigen Gott erfüllen könne. Maria Theresia wusste, dass einigen ihrer Töchter ein schweres Schicksal als Gemahlin an einem europäischen Hof bevorstand, und versuchte sie so darauf vorzubereiten. Daher wurde der Religionsunterricht so früh wie möglich begonnen und die Kaiserin schrieb ihren Kindern genau vor, wann sie welche Gebete wie lange zu verrichten hätten, da sie nur in ihrem Glauben und vor allem in ihren Gebeten Trost und Halt finden würden.
Während die Erzherzoge in erster Linie zu guten Regenten ausgebildet wurden, sollten die Erzherzoginnen vor allem auf ihre zukünftige Rolle als gottesfürchtige und fügsame Gattin und Mutter vorbereitet werden. Maria Theresia sah auch diese Aufgabe ausdrücklich als Beruf an und stimmte nicht nur die Erziehung darauf ab, sondern gab ihren Töchtern auch auf ihrem Weg ins Eheleben genaue Anweisungen. An erster Stelle stand stets, sich unbedingt den Gepflogenheiten anzupassen, nichts Besonderes zu beanspruchen, nichts zu verlangen, was man gewohnt war, und sich ja nicht in die Politik einzumischen. Vor allem jedoch: „... die Frau ist in allem ihrem Gatten gehorsam und soll kein anderes Bestreben haben, als ihm zu gefallen und seinen Willen zu erfüllen ... Alles hängt von der Frau ab, wenn sie nachgiebig, gut und amusant ist."[4] In ihrer Instruktion für ihre Tochter Maria Amalia, die den um fünf Jahre jüngeren Herzog von Parma heiratete und von ihrer Mutter als hochmütig bezeichnet wurde, schrieb sie: „Ihr wißt, daß wir uns unseren Ehemännern unterzuordnen haben. Wir schulden Ihnen Gehorsam, unser einziges Ziel soll in allem unser Gatte sein. Wir sollen ihm dienen und nützlich sein, wir sollen aus ihm unseren besten Gefährten machen und stets in ihm unseren Herrn und Meister sehen ... Je mehr Freiheit Ihr Eurem Gemahl gewähret, je weniger Zwang und Pünktlichkeit Ihr von ihm verlangt, desto begehrenswerter macht Ihr Euch und umso verlangender wird er Eure Nähe suchen. Das Wichtigste ist, dass er Euch stets bei gleichem Sinn, von gleicher Freundlich-

keit und Aufmerksamkeit findet. Gebt Euch wirkliche Mühe, es ihm in eurem Hause recht zu machen, damit er sich nicht anderswo wohler zu fühlen braucht … Alles hängt von der Frau ab…"[5] Besondere Vorkehrungen galt es für Maria Karoline zu treffen, die die an Pocken verstorbene Schwester Josepha „beerbte" und mit dem König von Neapel-Sizilien verheiratet wurde. Da er vermutlich infolge einer Krankheit in seiner Jugend nicht nur zurückgeblieben, sondern auch höchst unattraktiv war, galt es, ihr die demütige Erfüllung ihrer Verpflichtungen besonders ans Herz zu legen: „Ihr wißt, daß die Frauen ihren Männern Gehorsam schulden, dass sie ihren Willen und selbst ihre Launen ertragen müssen, wenn diese unschuldig sind. In diesem Gebot gibt es keine Ausnahme, und es wird Euch darin nichts geschenkt … Begleitet ihn überall hin, solange er euch in seiner Nähe wissen möchte, aber ebenso müsst Ihr Euch davor hüten, ihm lästig zu fallen, und Euer größtes Anliegen soll stets sein, ihm es zum besten zu machen und ihn dadurch an Euch zu fesseln … Liebet Euren Gatten und seid ihm zugetan, das ist das einzig wahrhafte Glück für eine Frau auf Erden."[6] Dass Maria Karolina zudem unaufgeklärt nach Neapel geschickt wurde, lässt ein Brief vermuten, den Maria Theresias Gesandter in Neapel, Graf Orsini-Rosenberg, an Karolinas Bruder Leopold schrieb und ihn und seine Frau bat, Karolina auf das Zusammentreffen mit ihrem Mann vorzubereiten: „Nach der ersten Viertelstunde Tränen und Herzensqual, meint er, wird sie sich beruhigen und ihr Unglück mit Geduld hinnehmen. Es ist unerlässlich, dass die Frau Erzherzogin und alle Damen ihr Mut einflößen, damit sie sich ihren fraulichen Pflichten unterziehe, ohne Ekel zu zeigen. Das ist ein Punkt, der ihr Lebensglück entscheiden kann."[7] Wie sehr Maria Karolina unter ihrem Schicksal litt, vertraute sie anlässlich der Vermählung ihrer jüngeren Schwester Marie Antoinette ihrer Aja Gräfin Lerchenfeld an: „Ich hoffe bloß, dass sie für den Anfang jemanden bei sich hat wie ich, denn sonst – ich gestehe es aufrichtig – ist es zum

Verzweifeln und man leidet ein Martyrium ... lieber sterben als noch einmal das erleben, was ich da erlebte ... es ist keine Übertreibung, aber wenn mir mein Glaube nicht gesagt hätte: denke an Gott, so hätte ich mich umgebracht."[8]
Einige Kinder versuchten, nachdem sie den Wiener Hof verlassen hatten, sich auch dem unmittelbaren Einflussbereich der Mutter zu entziehen. Doch Maria Theresia hatte an allen Höfen, an die sie ihre Töchter verheiratet hatte, ihre Berichterstatter, die sie monatlich und mitunter sogar wöchentlich genauestens über das Verhalten ihrer Töchter informierten – was umgehend brieflichen Lob oder Tadel zur Folge hatte. Vor allem Marie Antoinette, die nach ihrer Hochzeit mit dem späteren Ludwig VI. am französischen Hof lebte, litt unter der ungebrochenen Bevormundung durch ihre Mutter. Die Tatsache, dass die Ehe viele Jahre nicht vollzogen wurde und kein Thronerbe in Sicht war, machte Maria Theresia zunehmend nervös und ärgerlich. Marie Antoinette musste in jedem Brief genau-

Maria Theresia und ihr Verlobter Franz Stephan von Lothringen. Unbekannter Künstler, um 1736.

estens berichten, wie sie mit dem König zusammenlebte, ob die Ehe endlich vollzogen werden konnte und ob sich schon Anzeichen einer Schwangerschaft einstellten. Maria Theresia rügte ihre Tochter ob ihres verschwenderischen Lebensstils, ihrer Vergnügungssucht und ihrer falschen Wahl ihres nächsten Umfelds. Vor allem aber bedrängte sie ihre Tochter mehr Zeit mit ihrem Mann zu verbringen und sich angenehm und unentbehrlich zu machen – war es doch die wichtigste Aufgabe einer Frau und vor allem Königin, Erben zur Welt zu bringen.

In Anbetracht dieses Drucks und der schwierigen und zumeist fremdbestimmten Situation der verheirateten Töchter war die Alternative für jene, die aufgrund körperlicher Gebrechen nicht verheiratet werden konnten, – nämlich ins Kloster zu gehen – weniger Strafe als Befreiung. Ins Kloster zu gehen bedeutete im Fall der kaiserlichen Töchter ja kein entsagendes Leben hinter kalten Klostermauern – sie standen als Äbtissinnen oft sogar nur nominell dem Kloster vor, residierten in entsprechenden Appartements, konnten ihren Interessen nachgehen und vermutlich sogar ein wesentlich angenehmeres Leben führen als jene Töchter, die weit weg von der Heimat in erster Linie dazu da waren, möglichst viele Nachkommen in die Welt zu setzen. Eine schwere Lungenerkrankung im Kindesalter führte etwa bei der ältesten Tochter Maria Anna zu Verwachsungen und der Ausbildung eines Buckels, womit sie für eine Verheiratung nicht mehr in Frage kam. Sie wurde nominell Äbtissin eines adeligen Damenstiftes auf dem Prager Hradschin, lebte jedoch weiterhin am kaiserlichen Hof in Wien, wo sie ungestört ihren naturwissenschaftlichen Interessen nachgehen konnte. Zu ihrem engsten Freundeskreis zählte unter anderem der berühmteste Mineraloge seiner Zeit, Ignaz von Born, den sie finanziell unterstützte, zu ihrem Lehrer machte und mit der systematischen Ordnung ihrer Mineraliensammlung betraute. 1781 übersiedelte sie schließlich nach Klagenfurt und lebte in dem von ihr erbauten Palais, in dem sich heute die erzbischöfliche Residenz befindet.

Sie wurde zum Mittelpunkt eines wissenschafts- und kunstinteressierten Kreises und finanzierte und leitete gemeinsam mit Franz Joseph Graf von Enzenberg die Ausgrabungen von Virunum auf dem Zollfeld. 1783 wurde ihr zu Ehren die Freimaurerloge „Zur wohltätigen Marianna“ gegründet.
Maria Theresia war demnach eine fordernde Mutter, deren Kinder in erster Linie ihre dynastische Pflicht erfüllen und „funktionieren“ mussten. Maria Theresia war aber nicht nur eine dominante Mutter, sondern bevorzugte auch ganz offen einige ihrer Kinder – so etwa ihre erklärte Lieblingstochter Marie Christine, die als einzige der Kinder mit der Unterstützung ihrer Mutter eine Liebesheirat eingehen durfte.

... bigott und eifersüchtig?

Immer wieder ist zu lesen, die bigotte und eifersüchtige Maria Theresia hätte als Reaktion auf ihren wiederholt untreuen Gatten Kaiser Franz I. Stephan von Lothringen die Keuschheitskommission gegründet, die für Moral und Anstand sorgen und den sittlichen Verfall bekämpfen sollte.

Maria Theresia, die sich bereits als junges Mädchen in Franz Stephan von Lothringen verliebt hatte, als er für einige Zeit am Wiener Hof weilte, setzte nach langem Kampf ihre Heirat mit ihm durch und liebte ihren Mann bis zu seinem überraschenden Tod im Jahre 1765. Da in aristokratischen Kreisen Ehen normalerweise aus dynastischen Gründen geschlossen wurden und nichts mit Liebe zu tun hatten, rechneten die Ehepaare auch nicht mit der lebenslangen Treue ihrer Partner. Außereheliche Affairen gehörten daher zum gelebten Alltag, und niemand nahm daran Anstoß. Da Maria Theresia ihren Mann jedoch tatsächlich liebte, hatte sie große Schwierigkeiten seine zahlreiche Affairen zu tolerieren – womit sie bei ihren Zeitgenossen jedoch auf Unverständnis stieß. So bemerkte der preußische Gesandte

Maria Theresia als trauernde Witwe im Kreise ihrer Kinder, ganz rechts Joseph II. Gemälde von Heinrich Friedrich Füger, 1776.

Heinrich Graf Podewils: „Sie liebte den Kaiser aufrichtig, aber sie verlangte von ihm auch große Anhängigkeit. Es steht fest, dass sie sehr eifersüchtig auf den Kaiser ist und alles auf der Welt tut, um zu verhindern, dass er irgendein Verhältnis anknüpft … Sie möchte eine bürgerliche Ehe mit dem Kaiser führen."[9]

Dass Maria Theresia auf ihren Mann eifersüchtig war, trifft zwar zu; mit der Gründung der Keuschheitskommission hatte dies aber rein gar nichts zu tun. Tatsächlich wurde die „Geheime Keuschheitskommisssion" nämlich bereits im Jahre 1560 von Kaiser Ferdinand I. gegründet.[10] War Prostitution im Mittelalter ein gesellschaftlich und sozial anerkannter Beruf, wurden „unzüchtige Weibspersonen" im Laufe des 16. Jahrhunderts zunehmend geächtet und von Kirche und Staat bekämpft. Die Aufgabe der Keuschheitskommission bestand in erster Linie darin, durch Beobachtungen das sündige Treiben aufzudecken und zu bestrafen. 1633 erließ Kaiser Ferdinand II. eine zusätzliche Verordnung über „Tugendsambe Lebensführung“, wonach Prostituierte nicht nur mit hohen Geldstrafen, sondern auch öffentlichen Auspeitschungen rechnen mussten. Unter Maria Theresia wurden 1768 in der „Constitutio Criminalis Theresiana“ schließlich die Strafen für Prostitution neu definiert. Demnach wurden Prostituierten, die ihre Freier bestohlen oder mit Syphilis angesteckt hatten, die Haare abgeschnitten und der Kopf mit Teer oder Ruß bestrichen. „Incorrigible Weibspersonen“ kamen ins Zucht- und Spinnhaus oder wurden des Landes verwiesen. Berüchtigt waren damals die „Temesvarer Wasserschübe“, bei denen Prostituierte gemeinsam mit verurteilten Kriminellen über die Donau ins Banat deportiert und dort angesiedelt wurden. Offenbar trat die bestehende Kommission in der mariatheresianischen Zeit auffälliger in Erscheinung, machten sich doch viele Zeitgenossen, aber auch Schmähschriften darüber lustig. So schrieb der preußische Gesandte: „Es läuft eine Reihe von Schmähschriften gegen die Regierung um, vor allem aber gegen die Kommission, die für die öffentliche Keuschheit eingerichtet worden ist, und die Kaiserin wird in ihnen keineswegs geschont.“[11] Mit Maria Theresias Eifersucht auf ihren untreuen Ehemann hatte die Keuschheitskommission demnach nicht das Geringste zu tun, sondern wurde sogar unter ihrer Regierungszeit aufgelöst.

… Reformkaiserin?

Maria Theresia zählt bis heute zu den Ikonen der österreichischen Geschichte und Identität: die gütige Monarchin, die neben ihren 16 Kindern tapfer ihr Erbe und somit die Vormachtstellung der Habsburger in Europa verteidigte, den Staat modernisierte, Reformen wie Schulpflicht, Aufhebung der Folter

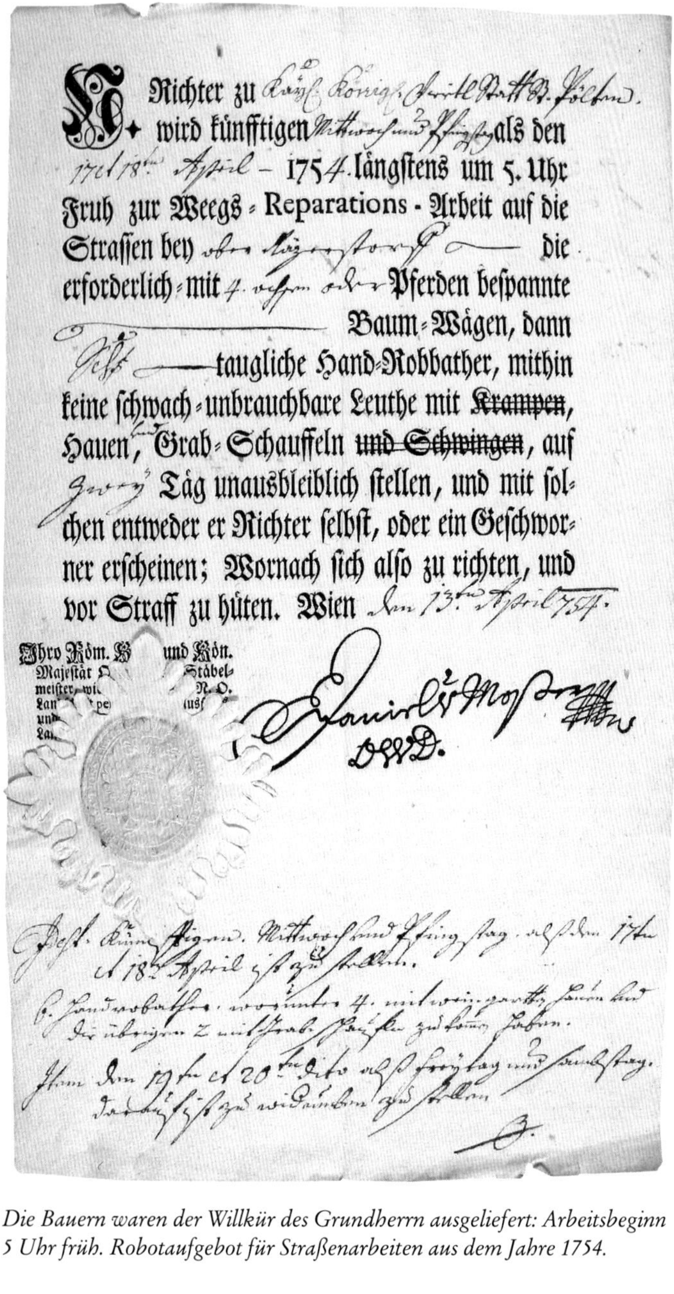

N. Richter zu … wird künfftigen … als den … 1754. längstens um 5. Uhr Fruh zur Weegs-Reparations-Arbeit auf die Strassen bey … die erforderlich-mit 4. … Pferden bespannte Baum-Wägen, dann … taugliche Hand-Robbather, mithin keine schwach-unbrauchbare Leuthe mit ~~Krampen~~, Hauen, Grab-Schauffeln ~~und Schwingen~~, auf … Täg unausbleiblich stellen, und mit solchen entweder er Richter selbst, oder ein Geschworner erscheinen; Wornach sich also zu richten, und vor Straff zu hüten. Wien den 13ten April 754.

Ihro Röm. K. und Kön. Majestät … Stäbelmeister …

Die Bauern waren der Willkür des Grundherrn ausgeliefert: Arbeitsbeginn 5 Uhr früh. Robotaufgebot für Straßenarbeiten aus dem Jahre 1754.

und Leibeigenschaft umsetzte. Doch war Maria Theresia tatsächlich die große Reformerin im Sinne des aufgeklärten Absolutismus?

Eine der wichtigsten Veränderungen unter Maria Theresia war die Zentralisierung der Verwaltung. Für einen zentralistisch regierten Staat benötigte Maria Theresia jedoch ausgebildete Beamte, so ist die Einführung der Schulpflicht – die im Übrigen keine Schulpflicht, sondern „nur" eine Unterrichtspflicht war – auch vor diesem Hintergrund zu sehen. Es ging also nicht darum, gebildete, aufgeklärte und mündige Bürger heranzuziehen, sondern in erster Linie gut funktionierende Untertanen.

Einen ähnlichen Hintergrund hatte auch ihre Unterstützung der Bauernschaft. Bauern waren bis dahin noch völlig von ihren Grundherren abhängig und ihnen quasi schutzlos ausgeliefert. Schon allein, um Unruhen vorzubeugen, sah sich Maria Theresia – gerade noch rechtzeitig – gezwungen Maßnahmen zu ergreifen. So schrieb Maria Theresia, der nicht entgangen war, dass sich immer mehr Bauern gegen die willkürliche und brutale Herrschaft ihrer Grundherren auflehnten, 1766 an ihren Sohn Ferdinand, dass bis zum Sommer Unruhen zu befürchten seien, „wenn man nicht bis dahin die nötigen Maßnahmen trifft, denn der Bauer wird durch die Gewalttaten des Grundherren zum Äußersten getrieben, und diese haben es während der 36 Jahre die ich sie regiere, verstanden, sich geradeso wie jetzt aus der Sache zu ziehen, so dass man niemals ins Reine kommen kann, der Untertan aber weiterhin in der Unterjochung gehalten bleibt. Ich glaube, dass, wenn der Kaiser (ihr Sohn Joseph II.) – ich will nicht sagen mich unterstützt – aber doch wenigstens neutral bleiben wollte, es mir gelingen könnte, die Leibei-

Nächste Doppelseite: Die Familie Habsburg-Lothringen. Maria Theresia und Franz Stephan mit ihren elf Kindern, die das Erwachsenenalter erreichten.

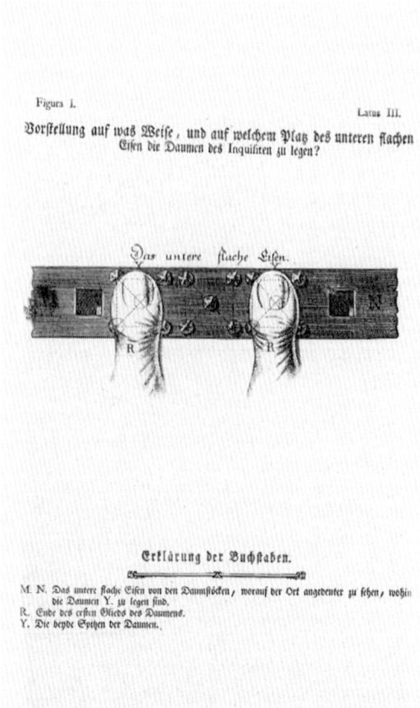
Figura I.

Latus III.

Vorstellung auf was Weise, und auf welchem Platz des unteren flachen Eisen die Daumen des Inquisiten zu legen?

Erklärung der Buchstaben.

M. N. Das untere flache Eisen von den Daumstöcken, worauf der Ort angedeutet zu sehen, wohin die Daumen Y. zu legen sind.
R. Ende des ersten Glieds des Daumens.
Y. Die beyde Spitzen der Daumen.

Ueber die

Abschaffung

der

Tortur.

Von

J. v. Sonnenfels.

K. K. N. Oe. Regierungsrath und öffentlichen Lehrer der politischen Wissenschaften.

Zürich, bey Orell, Geßner, Füeßlin und Compagnie.
1775.

Anweisung zum Gebrauch der Daumenschrauben in der „Constitutio Criminalis Theresiana“ (links) und Joseph von Sonnenfels' Schrift „Über die Abschaffung der Tortur“ aus dem Jahre 1775.

genschaft und die Frondienste aufzuheben; dann würde alles in Ordnung kommen.“[12] Tatsächlich wurde die Aufhebung der Leibeigenschaft erst nach Maria Theresias Tod 1781 unter Joseph II. verwirklicht. Sie hatte sich zwar offenbar vehement dafür eingesetzt, bekämpfte die Privilegien und Vorrechte der Grundherren jedoch nicht nur aus menschlicher Überzeugung oder im Sinne der Toleranz, sondern in erster Linie, um das adelige Ständewesen zu schwächen. Bei näherer Betrachtung stellt sich also heraus, dass ihre als fortschrittlich gepriesenen Reformbestrebungen vor allem der Durchsetzung absolutistischer Prinzipien dienten. Das eigentliche Ziel dabei war, die Kompetenzen und eigenmächtige Politik der Länder bzw. der Stände einzuschränken und mit der Neuordnung des Staates aus dem dezentralisierten Reich eine absolutistisch regierte Monarchie zu formen. Außerdem hatte sie erkannt, dass der Bauernstand

ein bestimmender Faktor für das Ausmaß der steuerlichen Einnahmen darstellte.
Doch auch wenn bei ihren Reformen eher staatspolitische und finanzielle Überlegungen und nicht menschenfreundliche im Sinn der Aufklärung im Vordergrund standen – fest steht, dass Maria Theresia damit Maßnahmen schuf, die das Land modernisierten und einem Großteil der Bevölkerung entscheidende Verbesserungen brachten.
Tatsächlich konnte Maria Theresia der Aufklärung im eigentlichen Sinn wenig abgewinnen und nannte ihre Schriften „ekelhaft“[13]. Religiöse Toleranz lehnte sie schlichtweg ab, sie fühlte sich als von Gottes Gnaden eingesetzte Herrscherin und hielt strikt an dogmatischen Glaubenssätzen fest. Protestanten und Juden wurden unter Maria Theresia immer wieder ausgewiesen und diskriminiert.
Auch die Aufhebung der Folter im Jahre 1776 erfolgte auf Betreiben Joseph von Sonnenfels' trotz der Bedenken der Kaiserin und nicht infolge ihrer humanen Gesinnung. Erst kurz davor hatte sie 1768 mit der „Constitutio Criminalis Theresiana“ ein Strafgesetzbuch für die österreichischen Länder und Böhmen erlassen, in dem noch genaue Regeln für die Anwendung der Folter festgehalten waren. Dennoch war auch dieses Gesetz insofern wegweisend, als damit erstmals das Straf- und Strafprozessrecht einheitlich und verbindlich geregelt wurde.
Maria Theresia war eine absolutistische Herrscherin, die noch ganz vom barocken Lebensstil geprägt war: Prunkvoll inszenierte Frömmigkeit, prächtige Festlichkeiten und große Liebe zu theatralischen Inszenierungen bestimmten ihren Alltag. Doch wenn auch viele Reformen erst unter der Herrschaft ihres Sohnes Joseph II. umgesetzt wurden, agierte sie politisch wegweisend und bahnte den Weg, den ihr Sohn Joseph noch konsequenter als seine Mutter weiterführte.

Herzog von Reichstadt

... einsam und isoliert am Wiener Hof?

Wurde der Sohn Napoleons nach dem Sturz seines Vaters nach Wien abgeschoben und lebte er bis zu seinem frühen Tod als Opfer der internationalen Politik einsam und verlassen am Wiener Hof? Bis heute weisen Fremdenführer im Schloss Schönbrunn auf einen ausgestopften kleinen Vogel, der angeblich der einzige Freund des armen Kleinen war. Doch lebte Napoleons Sohn tatsächlich ein so einsames und trauriges Leben?

Am 20. März 1811 kam Napoleon Franz, Sohn Napoleon Bonapartes und Erzherzogin Marie Louises, in Paris zur Welt. Napoleon verlieh im den Titel „König von Rom" als Symbol seines Anspruchs auf die Nachfolge im Heiligen Römischen Reich. Nach dem Sturz Napoleons kehrte Marie Louise mit ihrem erst dreijährigen Sohn nach Wien zurück und wartete am Wiener Hof ihr weiteres Schicksal ab. Die kaiserliche Familie war vom hübschen, charmanten Kind hingerissen und nahm es zunächst herzlich auf. Im Zuge des Wiener Kongresses wurde Marie Louise schließlich das Herzogtum Parma mit Piacenza und Guastalla zugesprochen – allerdings unter der Voraussetzung, dass ihr Sohn am Wiener Hof verblieb. „Prinz Franzi" war immerhin der Sohn Napoleons und so wurde der Kleine aufgrund seiner Abstammung zu einem politischen Problemfall: „Du kannst nicht besser thun, als Deinen Sohn einige Zeit vor Deiner Abreise nach Italien in die Hände der Männer (Erzieher) zu geben, damit du siehst, wie es geht ... Daß ich wünsche, dass Dein Sohn in Wien bleibt, ist für seine eigene Sicherheit noth-

Der Sohn Napoleons und Marie Louises: Napoleon Franz Carl, Herzog von Reichstadt.

wendig, denn bis der jetzige Taumel in der Welt sich gesetzt hat, so glaube ich, ihn unter meinen Leuten sicher, die ihm mir zu Lieb gewiß nichts geschehen lassen ...“[14], schrieb Kaiser Franz am 6. September 1815 an seine Tochter. Marie Louise fügte sich den Wünschen ihres kaiserlichen Vaters und erklärte sich bereit, ihren Sohn zurückzulassen. Der Prinz von Parma, wie der Kleine mittlerweile offiziell hieß, sollte unter der Obhut des Großvaters und unter den wachsamen Augen Staatskanzler Metternichs zu einem „Österreicher“ erzogen werden. Oberstes Ziel war, alles auszulöschen, was an seine halbfranzösische Herkunft erinnerte. So notierte Moritz Graf Dietrichstein, der mit der Erziehung betraut wurde: „Die Bestimmung des mir gnädigst anvertrauten Prinzen, scheint, wenn ich nicht irre, diese zu sein: als von österreichischer Abkunft, deutsch erzogen zu werden.“[15] Als seine Mutter – um ihm den Abschied nicht schwer zu machen – ohne sich zu verabschieden nach Parma abreiste, war der Kleine völlig geschockt und reagierte seine Trauer mit Wutausbrüchen und Tobsuchtsanfällen, bei denen er sogar seine Erzieher attackierte, ab. Der Herzog wurde sogleich als bösartig und aufsässig beschrieben, die Verzweiflung des plötzlich mutterlosen Kindes erkannte man nicht. So berichtete Dietrichstein an Marie Louise: „Gleichgültigkeit, Leichtsinn und Zerstreutheit sind seine Hauptfehler. Sie sind eine harte Probe für unsere Geduld, die wir dennoch nicht verlieren werden, aber sie machen unsere Bemühungen oft ergebnißlos. Ich habe bei Hof den Ruf ängstlich zu sein, wenn ich mit dem Prinzen bin; aber wie sollte ich es nicht sein? ... Am meisten aber zu befürchten ist seine Gefühllosigkeit, der unwiderstehliche Hang zu widersprechen und die große Leichtigkeit mit der der schlechte Gewohnheiten annimmt.“[16] Um Aufmerksamkeit zu erregen, ließ sich der Prinz auch allerlei einfallen. So hinkte er eines Tages plötzlich – wie Dietrichstein sofort vermutete, nur um ihn zu ärgern. Nachdem die sofort eingeleitete ärztliche Untersuchung nichts ergab, wurden ihm warme

Bäder verordnet, nach denen er eine Stunde im Bett verbringen musste, was ihm bald so langweilig und unangenehm wurde, dass er das Hinken nach wenigen Tagen wieder aufgab.[17] Marie Louise schrieb zwar manchmal Briefe aus Parma, kümmerte sich aber kaum um ihren sensiblen Sohn, der die Trennung von seiner geliebten Mutter und einzig vertrauten Person sehr schmerzlich empfand. Auch der Unterricht gestaltete sich äußerst schwierig, da der kleine Prinz, der noch immer von seinem französischen Personal umgeben war, sich weigerte Deutsch zu sprechen und aufsässig reagierte. (Sein Erzieher Moritz) Graf Dietrichstein überzeugte Kaiser Franz, dass die gesamte Umgebung des kleinen „Franzi" ausgetauscht werden müsse, womit der Fünfjährige auch noch den Rest seiner vertrauten Umgebung verlor. Sein Vater blieb zunächst ein Tabuthema – erst nach Napoleons Tod wurde im Unterricht von ihm erzählt, wobei darauf Wert gelegt wurde, zu vermitteln, dass sein Größenwahn ihn zu Fall gebracht hätte. Es stellte sich heraus, dass sich der kleine Franz sehr wohl an seinen Vater erinnern konnte und sich sehr für ihn und sein Schicksal interessierte. Seine Mutter schickte zwar, um ihr schlechtes Gewissen zu beruhigen, Geschenke nach Wien, doch sie hatte mittlerweile ein neues Leben begonnen – und eine neue Familie gegründet. Sie lebte in Parma mit dem als Ehrenkavalier mitgereisten Adam Albert Graf Neipperg zusammen, mit dem sie drei weitere Kinder haben sollte – zwei Töchter und einen Sohn, der später zum Fürsten Montenuovo erhoben wurde und am Wiener Hof Karriere machte. Nach dem Tod Napoleons schloss Louise mit Neipperg eine morganatische Ehe, hielt diese jedoch ebenso wie die Halbgeschwister vor ihrem Sohn geheim. Erst nach dem Tod Neippergs informierte Kaiser Franz seinen Enkel, dass seine Mutter mit Neipperg verheiratet gewesen war – die Kinder wurden ihm weiterhin verschwiegen. 5 Jahre nach dem Tod Neippergs sollte Louise schließlich in dritter Ehe ihren Obersthofmeister Charles René de Bombelles heiraten. Ihr ältester

Der „König von Rom“: ein sensibles Kind, das unter der Trennung von der Mutter litt.

Sohn wusste also nichts von der neuen Familie seiner Mutter und lebte viele Jahre im Glauben, eines Tages wieder mit ihr vereint zu sein. Louise kam ihren Sohn zwar ab und zu besuchen, worauf sich der kleine Franzi unendlich freute, sich aber sogleich vor dem Tag fürchtete, an dem er wieder allein sein sollte. So schrieb er nach einem Besuch seiner Mutter: „Liebe Mutter! Ich getraue mich kaum von dem Schmerz zu sprechen, den mir die neue Trennung von Ihnen verursacht, weil ich sonst besorgen müßte, gar nicht schreiben zu können ... O wie kann ich schon nicht die Zeit erwarten, wo ich Sie wieder sehen werde, indeß wann ich den Unterschied von zwey Jahren und zwölf Stunden betrachte, denn in so langer Zeit werde ich sie wieder sehen und vor so kurzem sah ich Sie noch, so wird mein Schmerz doppelt ...“[18] Mittlerweile war ihm sein Titel Prinz von Parma wieder aberkannt worden, weshalb ihn sein Großvater 1818 zum Herzog von Reichstadt ernannte.

Menschen, denen der Herzog zugetan war, beschrieben ihn als charmant und herzlich – sein Erzieher Graf Dietrichstein hingegen blieb sein größter Widersacher, der ihn permanent als faul, aufsässig und kaltherzig beschrieb. So prägten Auseinandersetzungen mit Dietrichstein und die Sehnsucht nach seiner Mutter seinen Alltag. Zu Weihnachten 1825 schrieb er seiner Mutter, dass er ihre „Abwesenheit nur deshalb ertrage, um sich dereinst würdig zu zeigen.“[19] Sein engster Vertrauter wurde der Offizier und Diplomat Anton Graf Prokesch von Osten, der in den letzten Schlachten gegen Napoleon gekämpft und sich als Diplomat im Orient verdient gemacht hatte. Er unterstützte auch die politischen Ambitionen des jungen Franz, der sich auf einem europäischen Thron – am liebsten natürlich dem französischen – sah. Doch es war nicht nur Metternich, der gegen jegliche politische Bestrebungen des jungen Herzogs vorging. Auf Grund seiner Abstammung herrschte generelles Misstrauen ihm gegenüber und in Frankreich interessierten sich weder seine Familie noch ehemalige Generäle Napoleons oder aktuelle Machthaber für ihn oder strebten gar eine Rückkehr von Napoleons Sohn an.

Ein einsames isoliertes Leben führte er jedoch nicht. Er war voll im Familienleben integriert, verbrachte als Kind viel Zeit mit seinem neun Jahre älteren Onkel Erzherzog Franz Carl und war im Familienkreis stets liebenswürdig und charmant, sodass er sehr beliebt war. Der junge Herzog nahm auch am gesellschaftlichen Leben teil, ging auf Bälle, flirtete – wie es sich für junge Aristokraten ziemte – mit verheirateten Frauen wie Gräfin Karolyi, seiner ersten großen Liebe, oder Gräfin Almássy, Schauspielerinnen, und war auch oftmaliger Gast bei der gefeierten Tänzerin Fanny Elßler. Eine besondere Beziehung verband ihn jedoch mit seiner angeheirateten Tante Erzherzogin Sophie, die nur knapp sechs Jahre älter war. Sie gingen gemeinsam auf Bälle und in Konzerte und verbrachten so viel Zeit miteinander, dass es allgemein auffiel und für einigen Tratsch sorgte. Schon damals munkelte man, dass Sophies zweitgeborener Sohn Ferdinand Max, der keinerlei Ähnlichkeit mit seinen Eltern und Geschwistern zeigte, der Sohn des Herzogs gewesen sei. Ob das innige Verhältnis des hübschen und charmanten Herzogs mit der jungen lebenslustigen Sophie, die aus politischen Gründen den minderbegabten Erzherzog Franz Carl geheiratet hatte, wirklich ein intimes war, lässt sich nicht nachweisen. Ein offen zur Schau gestelltes Verhältnis der pflichtbewussten Sophie, die großen Wert auf makellosen Ruf und Anstand legte, passt jedenfalls nicht zu ihrem Lebensziel, das sie von Beginn an kompromisslos verfolgte – sollte doch einst ihr erstgeborener Sohn Franz Joseph Kaiser werden. Überraschend ist, dass der Herzog von Reichstadt auch ein inniges Verhältnis zum kleinen „Franzi" hatte, mit ihm viel Zeit verbrachte und stundenlang spielte. Denn obwohl der Herzog zu dem Zeitpunkt bereits seit einigen Jahren kränklich war, machte man sich offenbar keine größeren Sorgen um eine Ansteckungsgefahr. Gerade der kleine Franz wurde ja von Sophie besonders sorgfältig behütet und vor jeglicher Erkrankungsgefahr geschützt. Beim Herzog von Reichstadt hatte sie jedoch offenbar keine Bedenken, und das, obwohl sich seine Krankheit schon seit Jahren bemerkbar machte. Doch erst im Jänner 1832 verschlechterte sich sein Gesundheitszustand dramatisch. Der Herzog war höchstwahrscheinlich ursprünglich an Lymphdrüsentuberkulose erkrankt, die schließlich Kehlkopftuberkulose hergerufen hatte. Tuberkulose war eine der meistverbreiteten Krankheiten der Zeit; während jedoch überall sonst in Europa bereits in den 1820er Jahren spezielle Sanatorien errichtet und verschiedenste Kuren und Behandlungsmethoden erprobt wurden, die mitunter auch sehr erfolgreich waren, wurde die Erkrankung im Kaisertum Österreich eher fatalistisch hingenommen. Man verabreichte wirkungslose Tees und in schwereren Fällen wie jenem des Herzogs das opiumhältige Doverische Pulver, das zwar den quälenden Husten linderte, jedoch die Ursache nicht bekämpfte. Unrichtig ist, dass man wider besseres Wissen dem Krankheitsverlauf des Herzogs absichtlich tatenlos zusah – auch Staatskanzler Metternich verlor fünf Kinder durch Tuberkulose, ohne dass man spezielle Behandlungen versucht hätte. Der Herzog von Reichstadt starb schließlich nach wochenlangem schweren Leiden am 22. Juli 1832 mit 21 Jahren. Er hatte am Wiener Hof sicherlich eine über weite Strecken unglückliche Kindheit verbracht – war jedoch weder einsam noch isoliert aufgewachsen und hatte sein kurzes Erwachsenenleben absolut integriert und unbeschwert gelebt. Sein früher Tod beendete all seine Hoffnungen auf ein glänzendes und ruhmvolles Leben.

Kaiser Ferdinand I.

... debil und schwachsinnig?

War Ferdinand, der den Beinamen „der Gütige" erhielt, aus dem bald „liebevolle" Spottnamen wie „Gütinand, der Fertige" bzw. „Nanderl Trotterl" wurden, debil und schwachsinnig?

Dem Primogeniturgesetz der Habsburger folgend, wurde 1835 der älteste Sohn von Kaiser Franz I. österreichischer Kaiser. Metternich hatte – wohl auch aus persönlichen Gründen – auf das Legitimitätsprinzip gepocht, da Ferdinand die Machtposition des Staatskanzlers nicht nur nicht gefährdete, sondern sogar sicherte. Vom körperlich und geistig zurückgebliebenen Ferdinand drohte keine Gefahr für das Metternich'sche System, das durch Polizeistaat und Spitzelwesen unumschränktes absolutistisches und reaktionäres Regieren ermöglichte. Die Habsburger hatten aus dynastischen Gründen über Jahrhunderte im engsten Familienkreis Ehen geschlossen – dass Onkel und Nichten, Cousins und Cousinen heirateten, war keine Seltenheit –, ernsthafte Degenerationserscheinungen waren erstaunlicherweise jedoch selten, wenn sich auch gewisse Familienkrankheiten bemerkbar machten. So meinte Erzherzog Franz Ferdinand, der sich in die nichtstandesgemäße Gräfin Sophie Chotek verliebte, später einmal frustriert: „Wenn unsereiner jemand gern hat, findet sich immer im Stammbaum irgendeine Kleinigkeit, die die Ehe verbietet, und so kommt es, daß bei uns immer Man und Frau zwanzigmal miteinander verwandt sind. Das Resultat ist, daß von den Kindern die Hälfte Trottel und Epileptiker sind."[20] Ferdinands Eltern waren Cousin und Cou-

Kaiser Ferdinand. Foto von Carl Mahlknecht nach einem Gemälde. Aus dem Foto-Album „Haus Österreich", 1870.

sine; er hatte einen deformierten, übergroßen Kopf, lernte erst sehr spät sprechen und gehen – und war Epileptiker. Die Epilepsie äußerte sich in seinem Fall mit „petit mal"-Anfällen – Bewusstseinsverlusten ohne Krämpfe, bei denen er nur vor sich hinstarrte sowie unkontrollierbare Zuckungen der Gesichtsmuskulatur hatte. Erst mit neun Jahren begann der Unterricht des Kronprinzen; Ferdinand hatte jedoch das große Glück, Erzieher zu bekommen, die ihn nicht aufgaben, sondern forderten, und damit förderten. In einem Bericht an den kaiserlichen Vater über die „Gesundheit und die Leibgestalt" Ferdinands schrieb sein Erzieher Franz von Steffaneo-Carnea:

1. *Schwächliche Gesundheit des Erzherzogs bis in den April 1802.*
2. *Seine äußerst feine und zarte Komplexion.*
3. *Kleinheit seiner Leibgestalt*
4. *Ob vielleicht die sonderbare Gestaltung seines Hauptes zu diesem Rückstand in Gesundheit, Gestalt und Kräften bis in sein 10. Jahr beygetragen haben?*
5. *Warum das Haupt desselben sich etwas auf die linke Seite neigen müsse?*
6. *Zustand der Unthätigkeit. Wie sich die Leibeskräfte des Erzherzogs Ferdinand bis April 1802 befanden.*
7. *Er war nicht im Stande, das Glas mit einer Hand zu heben, um zu trinken.*
8. *Nicht mit beyden Händen die Flasche zu heben, um sich Wasser einzuschenken.*
9. *Irgendeine, auch kleine Last, zu heben und an eine andere Stelle zu tragen.*
10. *Eine Thür aufzumachen.*
11. *Die Stiege herabzusteigen, ohne sich anzuhalten.*
12. *Er hatte eben erst die erste Tanzlektion angefangen.*
13. *Er hatte noch nicht einmal die Lektionen auf der Reitschule angefangen.*"[21]

Zunächst bemühte sich Steffaneo-Carnea intensiv um seinen Schützling und erzielte auch erste kleine, aber wichtige Erfolge – Ferdinand lernte ein Glas zu halten, sich selbst einzuschenken, allein Stiegen hinauf- und hinunterzugehen, Türen selbst auf- und zuzumachen. Vor allem aber sein späterer Erzieher Joseph Freiherr von Erberg förderte jene Eigenschaften, die ihn später auszeichnen sollten: sein musisches Talent sowie technisches und landwirtschaftliches Interesse. Ferdinand mischte sich zwar – auch als Kaiser – nie in die Politik ein, interessierte sich jedoch sehr für Wissenschaften, vor allem technische Neuerungen und Numismatik; er wurde sogar ein Fachmann für alte Münzen. Er spielte zwei Musikinstrumente, hatte eine auffallend schöne Handschrift und sprach fünf Sprachen – Deutsch, Tschechisch, Ungarisch, Italienisch und Kroatisch – fließend. Er verfügte über eine damals hochmoderne technische Modellsammlung und eine der umfangreichsten Bibliotheken seiner Zeit. Auch wenn er also regierungsunfähig war, war er jedoch keineswegs ein debiler und schwachsinniger Mann. Als Ferdinand 38 Jahre alt war, suchte und fand man sogar eine Frau für ihn – Maria Anna von Sardinien-Piemont. Ob die Ehe jemals vollzogen wurde, bleibt ungewiss, sie blieb jedenfalls kinderlos. Im Revolutionsjahr 1848 verzichtete Ferdinand, der unmöglich Entschlossenheit, Stärke und die Würde des Kaiserhauses repräsentieren konnte, zu Gunsten seines Neffen Franz Joseph auf den Thron und zog sich nach Prag zurück. Von dort aus bewirtschaftete er die Güter seines verstorbenen Neffen, des Herzogs von Reichstadt, und erzielte durch geschickte Verwaltung, die ihm niemand zugetraut hätte, binnen kürzester Zeit Erträge in Millionenhöhe und wurde damit zu einem der wohlhabendsten Habsburger des 19. Jahrhunderts. Als er 1875 mit 83 Jahren verstarb, wurde sein Universalerbe Franz Joseph zu einem der vermögendsten Männer seiner Zeit. Die Güter Ferdinands brachten ein jährliches Einkommen von über einer Million Gulden, das Barvermögen mehrere Millionen Gulden.

Gedr. bei Hanfstaengl in München

SOPHIE

Erzherzogin von Oesterreich.

Eigenthum des Verlegers — Eingetragen in das Vereins Archiv. Michaeler Platz No. 23? — Wien bei Pietro Mechetti q^m Carlo.

Erzherzogin Sophie

… die Salzprinzen – ein Gerücht?

Wurde Sophie, die jahrelang keine Kinder bekommen konnte, erst nach ihrer Kur in Ischl schwanger und erfolgten auch die folgenden Schwangerschaften jeweils nach der Ischler Solekur? Ihre Kuraufenthalte führten jedenfalls zu allerhand Gerüchten, ob überhaupt der Erzherzog der Vater der „Salzprinzen", wie die Kinder genannt wurden, war, oder doch ein ortsansässiger Jäger oder Förster?

Erzherzogin Sophie war eine außergewöhnliche Frau. Die Tochter des bayerischen Königs Maximilian Joseph I. war selbstbewusst, willensstark, hatte einen scharfen Verstand, war gebildet – und vor allem ehrgeizig. Ihre Schwestern hatten alle glänzende Partien gemacht und waren Königinnen von Sachsen und Preußen geworden, ihre Stiefschwester Karolina Augusta als vierte Gemahlin Kaiser Franz' II./I. sogar österreichische Kaiserin. Sie war es auch, die sofort an ihre jüngere Stiefschwester dachte, als es galt, den zweiten Sohn des Kaisers, Erzherzog Franz Karl, zu verheiraten. Erzherzog Franz Karl war zwar nicht wie sein älterer Bruder und Kronprinz Ferdinand schwer krank, aber dennoch geistig minderbegabt und definitiv kein gleichwertiger Partner für Sophie. Das erste Zusammentreffen war für sie ein Schock, und sie schrieb an ihre Mutter: „Er ist ein bon garcon, er fragt jedermann um Rath, mais il est terrible … Mich würde er zu Tode langweilen!"[22] Dennoch – der Thronfolger war krank, man sagte ihm ein kurzes Leben voraus, und somit gab es für Sophie eine realistische Chance,

Eine außergewöhnliche Frau: Erzherzogin Sophie. Lithographie von Josef Kriehuber, 1836.

Franz Joseph mit seinen Brüdern Ferdinand Max und Carl Ludwig, Lithographie von Josef Kriehuber, 1837.

durch diese Heirat selbst einmal Kaiserin zu werden. 1824 fand die Hochzeit des ungleichen Paares statt, doch nach sechs Ehejahren hatte Sophie noch immer keine Kinder zur Welt gebracht. Unrichtig ist jedoch, dass Sophie in diesen Jahren nicht schwanger wurde. Im Gegenteil – sie erlitt in dieser Zeit fünf Fehlgeburten. Die Kinderlosigkeit lag also nicht am Erzherzog, weshalb es auch unlogisch erscheint, dass sich Sophie, um endlich einen Thronerben gebären zu können, „Ersatz" suchte. Als letzten Versuch verordnete der kaiserliche Leibarzt im Jahre

1829 Solebäder im damals neuen Kurort Ischl. Die Solekur half jedenfalls tatsächlich und Sophie konnte am 18. August 1830 endlich ein gesundes Kind zur Welt bringen. Sicherheitshalber wiederholte sie die Kur in regelmäßigen Abständen und brachte nun in kurzer Folge fünf Kinder zur Welt. Als sich wenige Monate nach der Geburt des dritten Sohnes wieder Nachwuchs ankündigte, hatte Sophie lakonisch gemeint: „Ich bin also zum neunten Mal am Beginn einer Schwangerschaft. Nun, in einem Zeitraum von 10 Jahren habe ich wenigstens meine Zeit nicht verloren."[23]

Als Sophie ihre Pflicht erfüllt und einen Sohn geboren hatte, konnte sie darangehen, ihre Stellung bei Hof nicht nur zu festigen, sondern geschickt für ihre Interessen zu nützen. Ganz im Gegensatz zu ihrem Gemahl war die Erzherzogin politisch interessiert und verstand es, in kurzer Zeit wichtige Verbündete und Vertraute zu finden. Da sich zeigte, dass der Hof, und allen voran Kaiser Franz, in den kleinen Franzi ganz vernarrt war, verfolgte sie nun konsequent ein Ziel – ihr Sohn sollte einmal Kaiser werden.

... gegen die Wahl Elisabeths?

Hatte Erzherzogin Sophie tatsächlich Sisis ältere Schwester Helene (Néné) als Braut für ihren Sohn ausgesucht und war entsetzt, dass er sich dennoch für Elisabeth entschied?

Am 2. Dezember 1848 war Sophies Lebenstraum in Erfüllung gegangen und sie hatte ihr Ziel erreicht: Ihr Sohn Franz wurde Kaiser von Österreich. Sophie hatte seine Erziehung und Entwicklung nicht nur gelenkt, sondern sich auch als wichtigste Vertraute und Beraterin etabliert, die alle wichtigen Entscheidungen zumindest mitbestimmte. Als Franz Joseph 21 Jahre alt wurde, begann seine Mutter daher eine geeignete Partie für ihn zu suchen. Die künftige Kaiserin musste nicht nur katholisch sein – Sophie wünschte sich auch eine Verbindung mit einer deutschen Prinzessin. Doch die Hohenzollern waren an einer Verbindung mit den Habsburgern nicht interessiert, und Prinzessin Sidonie von Sachsen war Franz Joseph nicht hübsch genug. So lud Sophie 1853 schließlich ihre Schwester Ludovika mit ihren Töchtern Helene und Elisabeth nach Ischl ein. Die bayerische Seitenlinie der Wittelsbacher war zwar nicht erste Wahl für den Kaiser von Österreich, aber deutsch und katholisch. Dass nicht nur Helene, sondern auch Elisabeth eingeladen wurde, hatte zwei Gründe: Die Umstände des gegenseitigen Kennenlernens – die Cousins und Cousinen hatten sich bis dahin erst einmal bei einem Familientreffen 1848 kurz gesehen – sollten für alle Beteiligten möglichst unverfänglich und entspannt sein. Und Franz Joseph sollte die Wahl haben.

Ludovika war am Abend des 16. August 1853 in Ischl eingetroffen und stieg mit ihren Kindern im Hotel ab. Da ihr Gepäck und ihre Gefolgsleute noch nicht angekommen waren, ließ Erzherzogin Sophie eines ihrer Kammermädchen holen, damit sich die Mädchen noch wenigstens die Haare richten konnten. Folgender Brief Sophies an ihren Sohn Ferdinand Max beweist jedoch, dass sie weder Néné als Braut für ihren Sohn auserkoren hatte, noch dass sie gegen die Wahl ihres Sohnes war – im Gegenteil. So schilderte sie den entscheidenden Moment folgendermaßen: „Und mit innigem Wohlgefallen sah ich zu, wie Sisi ihre Haare selbst ordnete, mit einer Anmut und Grazie in allen ihren Bewegungen, die Sophie (das Kammermädchen) wie auch mich entzückte. Desto mehr, da sie sich so gar nicht bewusst war, einen so angenehmen Eindruck hervorgebracht zu haben. Trotz der Trauer, die Luise (Ludovika) und ihre Töchter wegen des Besuches bei Therese hatten tragen müssen, war Sisi reizend in ihrem ganz einfachen, hohen, schwarzen Kleid, so daß ich Luise beredete, mit ihren Töchtern den Thee bei mir zu nehmen; und nachdem sie sich dazu entschlossen hatte, richtete ich es so ein, daß die Suiten (Begleitpersonen), die mit uns zum

Die kaiserliche Braut Elisabeth in Bayern. Lithographie von Heinrich Kohler, 1853.

Thee in meinen Salon gekommen, sich ins Speisezimmer zurückziehen konnten, während wir alle in mein Toilettezimmer gingen, um dort Luise und ihre zwei Töchter anzutreffen. Mein Carl (Ludwig), der ein sehr guter Beobachter ist, sagte mir, daß in dem Augenblick, als der Kaiser Sisi erblickte, ein Ausdruck

Die Franzensburg im Schlosspark von Laxenburg. Das Kaiserpaar verbrachte nach der Hochzeit einige Wochen in Schloss Laxenburg .

so großer Befriedigung in seinem Gesicht erschien, daß man nicht mehr zweifeln konnte, auf wen seine Wahl fallen würde. Er strahlte, und du weißt wie sein Gesicht strahlt, wenn er sich freut. Die liebe Kleine ahnte nichts von dem tiefen Eindruck, den sie auf Franzi gemacht hatte. Bis zu dem Augenblick, da ihre Mutter ihr davon sprach, war sie nur von Scheu und Schüchternheit erfüllt, die ihr die so vielen sie umringenden Menschen einflößten. […] Und sie war so hübsch und anmuthig dabei!"[24] Sophie war demnach nicht nur von Sisi angetan, sondern hatte ganz bewusst beide Nichten eingeladen, um Franz Joseph wählen zu lassen.
Am nächsten Abend fand ein Ball statt, bei dem Franz Joseph nur noch Augen für Sisi hatte. Der Kaiser hatte seine Wahl getroffen, und Sophie meldete ihrer Cousine und Freundin Prinzessin Amala von Wasa: „Seit heute früh 8 Uhr ist unser heiß geliebter Franzi der unaussprechl. strahlend, glückliche Bräutigam der lieblichen Sisi, die gar zu lieb, innig u. glücklich u. gerührt ist …"[25] Über ihre künftige Schwiegertochter war sie voll des Lobes und schrieb: „Die Haltung der Kleinen ist so anmuts-

voll, so bescheiden, so untadelig, so graziös, ja beinahe demutsvoll, wenn sie mit dem Kaiser tanzt ... Sie erschien mir so anziehend, so kindlich bescheiden und doch ihm gegenüber ganz unbefangen."[26]

Aus den Quellen geht demnach eindeutig hervor, dass Sophie weder Helene als künftige Kaiserin auserkoren hatte, noch dass sie mit der Wahl ihres Sohnes nicht einverstanden war. Im Gegenteil – sie schwärmte direkt von Sisi und freute sich sehr, ihren Sohn so glücklich zu sehen.

...Flitterwochen mit dem Kaiserpaar?

Musste Elisabeth ihre Flitterwochen in Laxenburg bei Wien tatsächlich mit ihrer Schwiegermutter Sophie verbringen, die sie den ganzen Tag kontrollierte und kritisierte?

Am Beginn dieser Antwort muss die Feststellung stehen, dass Flitterwochen im Sinn einer Hochzeitsreise damals nicht üblich waren, auch bzw. schon gar nicht für ein jungvermähltes kaiserliches Ehepaar. Daher war es auch nicht außergewöhnlich, dass das frischvermählte Kaiserpaar „nur" für einige Wochen nach Laxenburg in die traditionelle Frühjahrsresidenz des Wiener Hofes übersiedelte. Elisabeth schilderte diese Zeit nach ihrer Hochzeit – allerdings erst im Jahre 1873, also beinahe 20 Jahre später – ihrer Hofdame Marie Festetics anlässlich eines Besuchs in Laxenburg folgendermaßen: „Hier hab ich viel geweint Marie – allein zurückzudenken, drückt mir das Herz zusammen – hier war ich nach meiner Hochzeit, Sie werden mir nicht glauben, was für ein Leben ich hier lebte, ich fühlte mich so einsam – er konnte nicht hier sein – jeden Tag frühmorgens fuhr er nach Wien, um 6 Uhr kehrte er zum Essen zurück, ich war den ganzen Tag alleine und hatte Angst vor der Minute wenn Sophie kam, denn sie kam jeden Tag, zu jeder Stunde um zu sehen was ich tue – bis à la merci war ich dieser wirklich bösartigen Frau ausgeliefert, alles war falsch was ich machte, die ich liebte wurden schlecht gemacht, sie wusste alles über jeden, da sie alle bespitzelte und das ganze Haus hatte Angst vor ihr aber alle spionierte für sie und berichteten ihr alles. Und es war noch das Geringste, daß sie mit mir – aber auch mit dem Kaiser – schimpfte wie mit einem Schulkind. Einmal bat ich ihn mich nach Wien mitzunehmen, blieb den ganzen Tag und sah sie nicht. Es tat so gut nicht allein zu sein an diesem traurigen Ort aber kaum waren wir abends zu Hause angekommen, kam sie sofort zu uns gelaufen, verbot es ihm und schimpfte mit mir, da es sich für eine Kaiserin nicht gehöre ihrem Mann nachzulaufen und hin und her zu kutschieren wie ein Fähnrich. Damit war auch das beendet. Ich war wieder alleine, was noch gut war, aber wenn sie kam, mich zu quälen … und so oft ohne Kaiser zu sein, der zwar auch gelitten hat aber Angst hatte seiner Mutter zu widersprechen; es war immer jemand um uns – ich habe es lange ausgehalten da ich so jung war, später habe ich mir dann selbst geholfen, aber das erzähle ich Dir später."[27]

Demgegenüber steht ein Brief Erzherzogin Sophies, in dem sie ihrem Sohn Ferdinand Max schrieb, dass sie beschlossen habe, nicht mit nach Laxenburg zu ziehen, „um dem jungen Paar nicht auf dem Nacken zu sitzen, fürderhin in Ischl bis Ende Oktober zu bleiben u. dann gerade nach Wien zu ziehen. Auch während dem ersten Teil des Sommers gedenken wir, nach Laxenburg zu ziehen, wenn Franzi u. Sisi in Schönbr: sind, u. umgekehrt in Schönbr: zu seyn, wenn sie in Laxenburg sind … Franzi schien die Idee … die Flitterwochen in Laxenburg zuzubringen … und zwar allein mit Sisi, sehr anzulächeln. Ich muß wirkl. mit Festigkeit und ganz allein den Grundsatz, dem jungen Paar nicht auf dem Nacken zu sitzen, durchführen, denn Franzi meint immer, wir könnten noch überall, wie bisher, stets vereinigt bleiben, was mich tief rührt, aber nicht ausführbar ist."[28]

Welche Version stimmt nun also? War Sophie mit nach Laxenburg übersiedelt und machte ihrer jungen Schwiegertochter den

Die Nikolobescherung in der kaiserlichen Familie. Gouache von Erzherzogin Marie Christine, 1761.

Seite 49: Kaiser Joseph II. mit seinem Bruder und Nachfolger Leopold in Rom. Gemälde von Pompeo Battoni, 1769. Kunsthistorisches Museum Wien.

Seie 50/51. Kaiser Franz I. Stephan von Lothringen und Kaiserin Maria Theresia im Kreise ihrer Familie. Gemälde von Martin van Meytens, 1754/55. Schloss Schönbrunn.

Aufenthalt zur Hölle oder tat sie wie angekündigt genau das Gegenteil und ließ das junge Glück ungestörte Tage verbringen? Aus dem Tagebuch der Erzherzogin geht hervor, dass sie nicht wie geplant nach der Hochzeit zunächst zu ihrem Schwager Kaiser Ferdinand nach Reichstadt und danach zu ihrer Zwillingsschwester Marie von Sachsen reiste, sondern in Wien blieb und engen Kontakt zu ihrer Schwiegertochter pflegte. Die ersten zwei Wochen nach der Hochzeit verbrachten sie gemeinsam in der Hofburg, wo der Alltag von gemeinsamen Familienfrühstücken, Mittagessen, Tee und Diners geprägt war. Als das junge Paar schließlich am 11. Mai nach Laxenburg abreiste, zog Sophie zwar wie angekündigt nach Schönbrunn, besuchte Elisabeth aber regelmäßig und offenbar öfter, als der jungen Kaiserin lieb war. Elisabeth war ihrer Schwiegermutter jedoch nicht wie geschildert völlig ausgeliefert und allein, blieben doch ihre Mutter und Schwester Helene bis Juni bei Elisabeth, um ihr die neue Umgebung und die großen Veränderungen leichter zu machen. Elisabeth mag in ihrer Schilderung übertrieben haben, dennoch war Sophie tatsächlich präsenter, als es Elisabeth lieb war – auch wenn die Schwiegermutter in ihrem Tagebuch durchaus von Sisi schwärmte und betonte, wie schön, reizend, entzückend und graziös sie sei.

… nahm sie Elisabeth die Kinder weg?

Mischte sich Sophie in die Erziehung ihrer Enkelkinder und ließ tatsächlich die Kindskammer in ihr Appartement verlegen, da Elisabeth in ihren Augen sowohl zu unreif war, um ihre Kinder selbst erziehen zu können, als auch ihre Pflicht als Kaiserin darin bestand, an der Seite des Kaisers zu repräsentieren und nicht sich um die Kinder zu kümmern?

Am 5. März 1855 kam die erste Tochter des Kaiserpaares, Sophie, zur Welt. Erzherzogin Sophie und Franz Joseph waren bei der Geburt dabei und Sophie schilderte die Geburt in ihrem Tagebuch: „Er küsste sie ohne Unterlass, tröstete sie und klagte mit ihr und schaute mich bei jeder Wehe an, um zu sehen ob ich damit zufrieden war.“[29] Und als das Kind geboren war: „Der Kaiser brach in Tränen aus, er und Sisi hörten nicht auf sich zu küssen und sie umarmten mich mit der lebhaftesten Zärtlichkeit.“[30] Die ersten Wochen nach der Geburt der kleinen Sophie verliefen sehr harmonisch – Elisabeth schilderte in Briefen an ihre Familie in Bayern, dass die kleine Sophie dem Kaiser und ihr ungeheuer viel Freude machen würde und sie die Kleine den ganzen Tag bei sich hätte, außer wenn sie spazieren getragen werde. Keine Rede also davon, dass die Erzherzogin Elisabeth ihre Tochter wegnahm.

Erzherzogin Sophie setzte die Kaiserin auch nicht unter Druck, als zweites Kind einen Thronfolger auf die Welt bringen zu „müssen“. Die kaiserliche Familie freute sich und himmelte jedes Baby an – so auch Gisela, die bereits ein Jahr später, am 5. Juli 1856, zur Welt kam. Sophie war von ihren Enkelinnen begeistert und schwärmte in ihren Briefen von den Kindern – vor allem vom erstgeborenen „Sophiechen“, die ein lustiges, charmantes aufgewecktes Kind war. Aber auch von Gisela sprach sie stets nur positiv: „Unsere liebe kleine Gisela entwickelt sich ganz deliziös. Mir ist nie ein so freundliches, heiteres, verbindliches Kind vorgekommen …“[31]

Dennoch kam es in dieser Zeit erstmals zu Konflikten zwischen Elisabeth und Sophie. Anlass waren tatsächlich ihre unterschiedlichen Vorstellungen darüber, wo die Kinder untergebracht sein sollten. Die Frage hatte sich durch den Umzug des Kaiserpaares vom Leopoldinischen Trakt in der Hofburg in den Reichskanzlei- bzw. Amalientrakt ergeben. Elisabeth wollte ihre Kinder weiterhin in ihrer Nähe haben und wehrte sich dagegen, die Kindskammer im 2. Stock des Leopoldinischen Traktes zu belassen, in dem sich auch das Appartement ihrer Schwiegermutter befand. Sophie sprach sich offenbar dafür aus,

Für Erzherzogin Sophie stand das Wohl der Dynastie im Vordergrund. Fotografie, um 1868.

alles so zu belassen, wie es war. Sie wollte ihrer Schwiegertochter jedoch niemals aus Böswilligkeit oder da sie Elisabeth für eine schlechte Mutter hielt, die Kinder „wegnehmen". Für sie stand stets das Wohl das Hauses Habsburg im Vordergrund und ihrer Meinung nach war der Platz einer Kaiserin an der Seite ihres Mannes, womit sie aber wenig Zeit habe, sich um die Kinder zu kümmern. Sie fand es daher logischer, die Kinder in ihrer Nähe unterzubringen. Sophie sah sich offenbar nach wie vor als erste Dame des Reiches und war so daran gewöhnt, dass ihre Wünsche und Entscheidungen widerspruchslos akzeptiert wurden, dass diese Frage offenbar eskalierte, und sie sogar drohte, aus der Hofburg auszuziehen. Elisabeth bestand jedoch darauf und so schrieb Franz Joseph, der sich bis dahin bewusst aus den Zwistigkeiten herausgehalten hatte, was Elisabeth kränkte und die Situation zusätzlich verschärfte, schließlich folgenden Brief an seine Mutter:

„Nach reiflicher Überlegung und nachdem ich die Sache nochmals mit Sisi besprochen, bin ich der festen Überzeugung, daß es am besten ist, wenn die Kinder in die Radetzky-Zimmer kommen, wo sie sehr gut und zweckmäßig untergebracht sein werden … Sie haben, liebe Mama, einen Grund, der uns diesen Wechsel wünschen macht, gleich erraten. Ich bitte Sie jedoch inständig, Sisi nachsichtig zu beurteilen, wenn sie vielleicht eine zu eifersüchtige Mutter ist, – sie ist ja doch so eine hingebende Gattin und Mutter! Wenn Sie die Gnade haben, die Sache ruhig zu überlegen, so werden Sie vielleicht unser peinliches Gefühl begreifen, unsere Kinder ganz in Ihrer Wohnung eingeschlossen mit fast gemeinschaftlichem Vorzimmer zu sehen, während die arme Sisi die Stiege hinaufkeuchen mußte, um dann selten die Kinder allein zu finden, ja auch Fremde bei denselben zu sehen, denen Sie die Gnade hatten, die Kinder zu zeigen, was besonders mir auch noch die wenigen Augenblicke verkürzt, die ich Zeit hatte, bei den Kindern zuzubringen …“[32] Sophie gab nach, die Kinder übersiedelten zunächst in den Schweizertrakt und die Mädchen schließlich in die Appartements unter bzw. über jenen des Kaiserpaares.

Als Sophie mit der Zeit sah, welchen Eindruck Elisabeth mit ihren Kindern in der Öffentlichkeit machte und wie positiv das Auftreten des Kaiserpaares als Familie wahrgenommen und kommentiert wurde, unterstütze sie sogar Elisabeth in ihrem

Bestreben, die Kinder möglichst viel bei sich zu haben. Folgender Brief belegt außerdem, dass Sophie auch die Anweisungen ihrer Schwiegertochter, was den Umgang mit den Kindern betraf, respektierte. Als sie eines Tages mit Gisela spielte und ihr ein Keks gab, wollte Gisela noch eines, worauf die Erzherzogin meinte: „Nein, nein, wir dürfen nichts mehr bekommen, die Mama hat es nicht gerne ...“[33] Die Erklärung lieferte sie gleich mit: „Papa nannte sie (Gisela) einmal, da sie so dick geworden ist, dicke Nudel, u. wenn man sie frägt: wie sagt der Großpapa? So sagt sie ‚dite Nudel‘ u. ‚dite Maus‘ mit einem so weichen u. zärtlichen Ton ...“[34] Sophie mischte sich in den ersten Jahren also weder in die Erziehung ihrer Enkelkinder noch sah sie in Elisabeth eine schlechte Mutter. Ganz im Gegenteil.

Doch 1857 folgte der große Schock, der alles verändern sollte: Elisabeth wollte ihre Kinder auf eine Reise nach Ungarn mitnehmen, da ihre Reise nach Italien, zu der sie die kleine Sophie mitgenommen hatte, ein großer Erfolg gewesen war, zu dem zweifellos auch die familiäre Idylle beigetragen hatte. So berichtete Sophie an ihren Sohn Ferdinand Max: „Der liebe Gott hat mit der Kaiserin Schönheit u. unvergleichlichem Anstand ein Kapital in des Kaisers Hände gelegt, das die reichsten Zeichen trägt u. auf's Neue den Glücksstern des Hauses Österreich bewährt ... dass Sisis bezaubernde Erscheinung alles in Venedig elektrisiert u hinreißt. Überall wo sie erscheint, sagen die Leute ganz laut quanto e bella, quanto e graziosa!“[35] Die kleine Gisela war damals – immerhin über fünf Monate – allein in Wien bei ihren Kinderfrauen zurückgeblieben. Diesmal wollte Elisabeth

Nächste Doppelseite: Die kaiserliche Familie auf der Schönbrunner Schlossterrasse: Vorne sitzend sind Kaiserin Elisabeth mit Erzherzogin Gisela und Kronprinz Rudolf auf dem Schoß, Erzherzogin Sophie sowie daneben Erzherzog Franz Karl zu sehen; dahinter stehend von links nach rechts: Kaiser Franz Joseph, Erzherzog Ferdinand Max, der spätere Kaiser von Mexiko, seine Frau Charlotte von Belgien, Erzherzog Ludwig Viktor sowie Erzherzog Carl Ludwig.

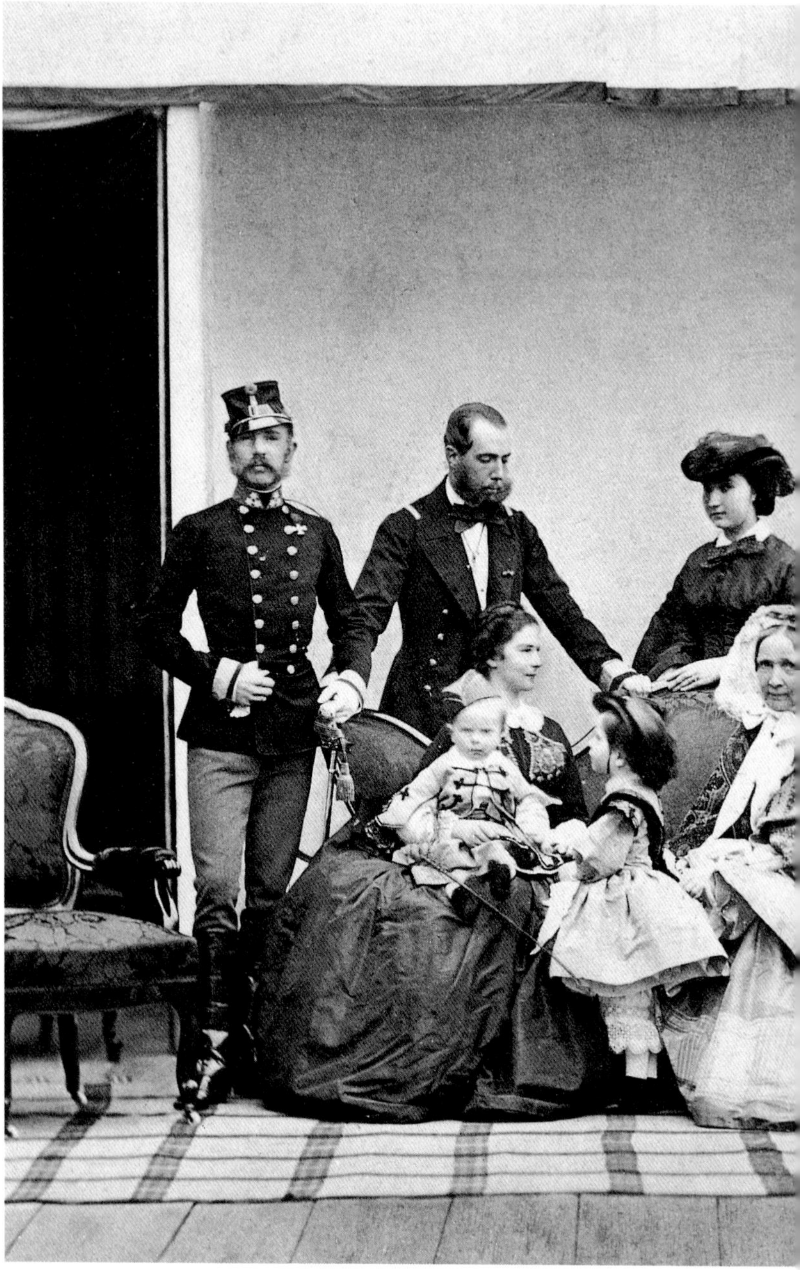

beide Mädchen mitnehmen. Sophie unterstützte die Idee, hatte sie doch gesehen, welchen Eindruck die junge kaiserliche Familie gemacht hatte. Doch die beiden Mädchen erkrankten an Durchfall und hohem Fieber und während sich die kleine Gisela bald erholte, verstarb Sophie mit zwei Jahren. Elisabeth war verzweifelt, suchte die Schuld bei sich, da sie die Kinder unbedingt hatte mitnehmen wollen und überließ Gisela von diesem Zeitpunkt an ganz der Obhut ihrer Schwiegermutter. Sophie sprang also quasi als Ersatzmutter ein und Gisela als auch der kurz darauf geborene Rudolf entwickelten zu ihr ein enges und liebevolles Verhältnis.

Sophie kritisierte also weder die Erziehungsmethoden Elisabeths oder mischte sich ein noch empfand sie sie als schlechte Mutter. Im Gegenteil. Als Elisabeth aus gesundheitlichen Gründen Wien für längere Zeit verlassen musste, war Sophie tief betroffen und betonte in Briefen wie jenem an ihren Sohn Carl Ludwig vom November 1860 den positiven Einfluss der Kaiserin auf ihre Kinder: „Um Sisi's vortrefflichen Einfluß auf die Kinder ist es mir (wegen ihrer Abreise) sehr leid."[36] Und in ihrem Tagebuch notierte sie: „Sisi muss den Winter auf der Insel Madeira verbringen!! Sie wird für fünf Monate von ihrem Mann getrennt sein und von ihren Kindern, auf die sie einen so glücklichen Einfluss hat, die sie wirklich gut erzieht. Ich war von diesen Nachrichten vernichtet."[37]

Da Elisabeth die nächsten zwei Jahre fern von Wien auf Madeira und danach Korfu verbrachte und ihre Kinder in der Zeit mit einer Ausnahme nicht sah, übernahm Sophie mehr und mehr ihre Mutterrolle. Der 1858 geborene Rudolf wurde unter Aufsicht seiner Großmutter von den Ajas – vor allem von seiner geliebten „Wowo" Charlotte von Welden – versorgt und Sophie wurde damit zu einer seiner wichtigsten Bezugspersonen, zu der er ein Leben lang ein weit „mütterlicheres" Verhältnis hatte als zu Elisabeth. Sophies Briefe an Rudolf zeigen das innige Verhältnis der Erzherzogin zu ihren Enkelkindern – vor allem zu Rudolf, den sie besonders ins Herz geschlossen hatte. Im Juli des Jahres 1866, es sind die schweren Tage nach der Katastrophe von Königgrätz, schrieb sie dem achtjährigen Rudolf: „Einige Worte richte ich in Eile an Dich, mein innig geliebtes Kind, um Dir, Gisella und Eurer fernen Umgebung zum Trost zu sagen, daß der arme liebe Papa Gottlob wenigstens körperl. wohl ist u die liebe Mama ihm wie sein guter Engel zur Seite steht ... Ich kann mir denken wie schmerzl. Euch in diesen trüben Tagen die Trennung von Papa u Mama sein muß! Nun muß ich mein Briefchen enden, geliebtes Kind, Gott sei mit Dir u Gisella; Großpapa u ich umarmen Euch so herzl. wie wir Euch lieben!“[38] Aus diesem Brief geht vor allem eindeutig hervor, dass Sophie Elisabeth nicht nur die Kinder nicht „wegnahm“, sondern auch niemals versuchte Elisabeth ihren Kindern zu entfremden oder sie vor ihnen zu kritisieren. In all ihren Briefen an die Kinder berichtete sie nur Positives von Elisabeth und sprach immer nur im Guten von ihr.

Dennoch war das Verhältnis der beiden äußerst ambivalent. Elisabeth klagte vor allem in den späten Jahren immer wieder, Sophie hätte sie in den ersten Jahren ihrer Ehe bevormundet, gepeinigt und ihr das Leben zur Hölle gemacht. Elisabeths Hofdame Marie Festetics schilderte das Verhältnis der beiden folgendermaßen: „Erzherzogin Sophie hielt strenge Etikette und es war ihr fremd als sich die junge Kaiserin nach eigenem Willen über vieles hinwegsetzte ... (sie) gab sich Mühe sie zu modeln um aus ihr eine Herrscherin zu machen, wie sie selbst gewesen wäre; damit stieß sie natürlich auf Widerspruch. Aber dabei war sie stets rücksichtsvoll gegen die Kaiserin.“[39] Schlussendlich hatten sich die Damen offenbar im Guten arrangiert, verbrachte doch Elisabeth 1872 die letzten Nächte am Sterbebett ihrer Schwiegermutter und wich nicht von ihrer Seite.

Kaiser Franz Joseph I.

... pedantisch, humor- und phantasielos?

War Franz Joseph zwar ein gutmütiger, aber bürokratischer und vor allem humor- und phantasieloser Monarch?

Kaiser Franz Joseph regierte 68 Jahre lang und prägte die Geschichte Europas dieser Epoche. Dennoch profilierte er sich nicht als einer der politisch bedeutendsten Monarchen – im Gegenteil. Seine Regierungszeit war durch Festhalten an Althergebrachtem und bürokratische Pflichterfüllung gekennzeichnet. Franz Joseph selbst wird zumeist als ernster, bürokratischer, phantasie- und humorloser Monarch beschrieben. Zweifellos agierte er als Bewahrer, der keine Visionen hatte und sich eher auf das Urteil seiner Berater als auf seine Intuition, sein Gespür und seine Überzeugung verließ. Doch Franz Joseph wurde ganz bewusst zu dem erzogen, wie er als Regent sein sollte. Seine ehrgeizige Mutter Erzherzogin Sophie hoffte, dass ihr Sohn einmal Nachfolger des kranken und schwachen Kaisers Ferdinand werden würde, und bereitete ihn gewissenhaft auf diese Aufgabe vor. So wurde er von frühester Kindheit an geradezu zum Kaiser dressiert.

„Franzi“ war ein folgsames Kind und gehorchte. Nur manchmal konnte sich der junge Erzherzog seinem Drill entziehen und dann kamen ganz andere Charaktereigenschaften zum Vorschein. So zeigt sich, dass Franz in seinen Kinderbriefen überaus phantasie- und humorvoll war, ja sogar despektierlich, wie Karikaturen und Anmerkungen dazu offenbaren. Diese Briefe, die Franz seinem jüngeren Bruder Ferdinand Max – dem spä-

Unkompliziert, bescheiden und anspruchslos: Kaiser Franz Joseph in Galauniform. Foto, um 1855.

teren Kaiser von Mexiko – schrieb, wenn einer von ihnen krank war und sie deshalb getrennt wurden, machen klar, dass sogar der brave Erzherzog Anwandlungen von jugendlichem Übermut hatte. So plante er heimlich für ein von ihm inszeniertes Theaterstück einen Brand mit anschließender Überschwemmung sowie andere „Spectacel“:

„Lieber Maxi! Verzeihung, Verzeihung! Nicht viel Zeit; Vormittag muß man lernen, Abends kommt die Großmama, so vergeht der Tag; doch morgen hoffe ich, liebster Monsieur, daß Herr Grosselet auf seinem Pferde schon hinauf wird ich habe schon angefangen an ihm zu laborieren, heute aber habe ich angefangen, das kleine Theater zusammenzurichten, in welchem ich Karlen vorzuspielen gedenke; es soll auch dabey ein Brand vorkommen, welcher mit Spiritus gemacht wird, eine Überschwemmung und viel anderem Spectacel.

Wir sahen gestern Talbot welche so aussah (Karikatur mit Numerierung der folgenden Anmerkungen)
1 Halb zerrißener Hut, vielleicht 10 Jahre alt
2 Schlecht geordnete halb ins Gesicht hineinhängende Locken
3 Ganz fleckige Boa
4 Schlechtes altes Kleid
(darunter Karikatur Monsieur Grosselets)
Viel Schönes dem Wittek (Lehrer der jungen Erzherzoge für Böhmisch und Kalligraphie)
Der Herr Doré (Französischlehrer der Erzherzoge) bedauert sehr, daß Du krank bist, und ist sehr erfreut über dein beßer gehen. Von Herrn Hoffer das selbe
Jetzt ists endlich fertig.“[40]

In einem anderen Brief an den erkrankten Bruder erzählte er ihm wiederum eine Geschichte von einem Mädchen, das bei einer Reise durch den Dschungel von Affen überfallen und auf einen Baum geschleppt, dort aber mit Kokosnüssen bewirtet und nach drei Stunden schließlich wieder befreit wird. Dazu

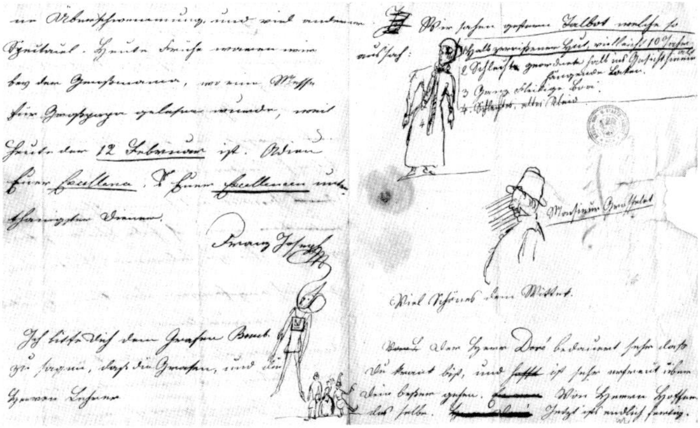

Brief Franz Josephs an seinen Bruder Ferdinand Max mit Karikaturen der Gräfin Talbot und Monsieur Grosselets.

zeichnete Franz Joseph Karikaturen des „Grafen“ sowie seines Tschechischlehrers Johann Wittek.

Als Franz Joseph mit 14 Jahren an Scharlach erkrankte und vier Wochen von seinen Brüdern isoliert wurde, schrieb er ihnen, nachdem sie sich offenbar nicht einmal nach seinem Befinden erkundigt hatten, folgendes „erboste“ Schreiben: „Impertinente Kreaturen! Wie habt Ihr Euch unterstehen können, nicht Nachfrage zu führen, wie sich meine Hoheit befindet. Ich lasse mich herab, Euch Impertinenten zu sagen, daß ich ganz bläulichrot bin, mich ganz gut befinde und Euch in Gnaden gewogen bliebe. Dem Prinzen Hetzius (sein jüngster Bruder Ludwig Viktor, als Kind auch „Hetzi“ genannt) melde ich mich mit hoher Gewogenheit meinen Respekt und schicke ihm ein Bußl. Der mit Eurer Impertinenz Unzufriedene – Erzherzog Franz Joseph. Mit Herablassung gegeben auf Unserem Bett den 15ten des Ostermonats n. Chr. G. anno 1844.“[41]

Aus den Erinnerungen seines treuen Kammerdieners Eugen Ketterl geht hervor, dass Franz Joseph auch im Alter weder langweilig noch pedantisch war. Im Gegenteil, Ketterl vermittelt das Bild eines sympathischen und vor allem menschlichen

Kaisers. So passierte dem schon betagten Kammerdiener Hornung eines Tages ein Missgeschick, das Ketterl folgendermaßen schilderte. „Der alte Hornung, der auf mich furchtbar eifersüchtig war, wollte es sich immer noch nicht nehmen lassen, Seiner Majestät das Tablett mit dem Mittagessen zu servieren. Zittrig und in sich ergrimmt, wie er war, stolperte der achtzigjährige Mann, in seinem Übereifer, die Suppenterrine bekam

Brief Franz Josephs an seinen Bruder mit Karikaturen des „Grafen" sowie ihres Tschechischlehrers Johann Wittek.

das Übergewicht, die Suppe ergoß sich auf den Boden und die Leberknödel hüpften in artigen Sprüngen über den Teppich. Durch die Türe hörte ich den tief erschrockenen Hornung stammeln: ‚Bitte tausendmal um Vergebung, leg' mich Euer Majestät zu Füßen…' ‚Nur das nicht auch noch', wehrte der Kaiser wohlwollend grollend ab, ‚zu meinen Füßen liegen ja schon die Leberknödel.'"[42]

Franz Joseph war überhaupt wesentlich unkomplizierter als oft geschildert. So verlangte er vom Kammerpersonal keine Förmlichkeiten, wenn es gerade seiner Arbeit nachging. Wenn er frühmorgens durch sein Appartement ging, während das Personal gerade die Zimmer aufräumte, so nahmen die Bediensteten von seiner Anwesenheit nicht die geringste Notiz. Der Kaiser wurde dann weder gegrüßt noch die Arbeit einen Moment unterbrochen. Unrichtig ist auch, dass Franz Joseph sehr empfindlich gewesen wäre, wenn jemand nicht im Frack vor ihm erschien. Dies galt nur für die Minister bei den Ministerconseils; sein Leibarzt Hofrat Kerzl trug bei der morgendlichen Visite ein Jackett oder einen Gehrock und auch andere Personen, die in den frühen Morgenstunden zum Kaiser gerufen wurde, wussten, dass er der frühen Stunde Rechnung trug und sie machten sich sogar einen Spaß daraus, den Befehl „Rasch, er soll kommen wie er ist!" möglichst wörtlich zu befolgen. So geschah es, dass die diensthabenden Sektionsräte und Hofsekretäre der Militär- und Kabinettskanzlei am frühen Morgen sich oft nur im Nachthemd, über das sie malerisch den Mantel drapiert hatten, beim Kaiser meldeten, oder, wenn ihre Morgentoilette bereits fortgeschrittener war, mindestens mit rückwärts herunterbaumelndem Schlips vor ihm erschienen.

Eine weitere Episode, die Ketterl in seinen Memoiren festhielt, zeugt nicht nur von der Gutmütigkeit, sondern auch dem ironischen Humor Franz Josephs: „Bereits auf der Reise hatte ich feststellen müssen, daß seine Majestät absolut nicht so betreut wurde, wie es erforderlich war. Was die Garderobe Seiner Majestät, zunächst die Zivilkleidung, betraf, so herrschten da geradezu trostlose Zustände. Der frühere Leibkammerdiener Hornung, der sie hätte instand halten sollen, war ein achtzigjähriger Greis, der sich um nichts mehr kümmerte und alle fünf gerade sein ließ, und schon allein der Umstand, daß sich der Monarch mit den Leistungen dieses bedächtigen und eigensinnigen alten Mannes zufrieden gab, beweist die Anspruchslosigkeit des Kaisers. Ein Beispiel nur: Ich kramte gerade im Wäschekasten, als der Kaiser eine bestimmt Uniformhose verlangte. Wir ließen alles liegen und stehen, stöberten in allen Kasten herum und – wie verhext – gerade diese Hose war nicht zu finden, Schweißperlen standen schon auf meiner Stirne, und wenn ich mir auch sagen musste, daß mich ja für die Vergangenheit keine Schuld treffen könne, war es mir höchst peinlich, daß ich gleich beim ersten Auftrag versagen musste. Ich berief sofort Sukkurs, und schließlich glaubte ein findiger Lakai die Lösung, oder besser, eine glückliche Ausrede in der Meldung gefunden zu haben, daß die Hose von Motten zerfressen worden sei. Der Kaiser verzog keine Miene, schüttelte nur den Kopf und sagte nachdenklich: ‚Schrecklich, und nicht einmal die Knöpf' haben sie zurückgelassen!'"[43]

Auch die Korrespondenz mit Katharina Schratt zeichnet ein humorvolles Bild des Kaisers. So machte sich Franz Joseph oft über ihren Hang zu außergewöhnlichen Kurmethoden, in denen sie offenbar Elisabeth nacheiferte, lustig. Als er erfuhr, dass Katharina Schratt in Karlsbad eine Abmagerungskur mit Heublumenbädern machte, schrieb er: „Den Zweck dieses neuen Experiments kann ich mir nicht recht erklären und mir nur denken, daß der Heugeruch einen an Rappel gränzenden Zustand der geistigen Fähigkeiten herbeiführen muß, wenigstens in England ist die sogenannte Heukrankheit ein Stadium der durch Dr. Krafft-Ebing zu behandelnden Leiden. Bis jetzt hatte ich nur von den Heubädern in Tirol gewusst, wo die Bauern sich im paradisischen Costüme in einen Heuschober vergraben so daß nur der Kopf heraus sieht ... vielleicht bringt Ihre Passion für Experimental Medizin Sie dazu, auch diese ländliche Kur einmal zu versuchen. Die Wiese bei der Felicitas (Katharina Schratts Villa in Ischl) würde sich dazu eignen. Übrigens kann ich, wie bei der Kaiserin, auch bei Ihnen nur meine freudige Bewunderung über die kräftige Natur aussprechen, die all diese Bäder, Wässer, Trankln, Pulver, kalte und warme Behandlungen aushält."[44]

... bescheiden und sparsam?

War Kaiser Franz Joseph tatsächlich so bescheiden und sparsam, wie überliefert? Besaß er außer seinen Uniformen keinerlei private Garderobe und trug er sogar geflickte Unterwäsche?

Franz Joseph war in der Tat ein besonders unkomplizierter, bescheidener und anspruchsloser Monarch. Er war so daran gewöhnt, eingespielte Traditionen zu wahren, dass er gar nicht auf die Idee kam, dass bestimmte Dinge auch nach seinem Willen gehen könnten. Franz Joseph wünschte sich etwa niemals eine besondere Speise, wenn er gerade Lust darauf hatte, und kam auch nie auf die Idee, sich, wenn er zwischen den festgesetzten Mahlzeiten einmal Hunger bekam, etwas zu Essen bringen zu lassen, sondern blieb hungrig. Er war der Ansicht, dass die Küche und vor allem der Koch für ein solches Begehren nicht vorbereitet wären, und wollte nichts durcheinander bringen.
Als Eugen Ketterl seinen Dienst als Kammerdiener bei Franz Joseph antrat, fiel ihm, wie er in seinen Memoiren detailliert beschrieb, tatsächlich als Erstes die unglaubliche Sparsamkeit des Kaisers auf. Dies begann damit, dass der Kaiser bei seiner Reise nach Cap Martin im Frühjahr 1894, wo er sich für einige Tage mit Elisabeth traf, darauf verzichtete, den separaten Hofzug zu benützen, „das würde zuviel kosten"[45] meinte er lapidar und ließ seinen Salonwagen an den fahrplanmäßigen Zug kop-

peln. Überhaupt war Ketterl bei seinem Dienstantritt regelrecht erschüttert über die bescheidenen Verhältnisse, in denen der Kaiser lebte: „Wer sich etwa vorstellen sollte, daß der reiche, mächtige Kaiser von Österreich Wäsche und Schuhe sonder Zahl und in exquisiter Ausführung sein eigen nannte, irrt ganz gewaltig. Insbesondere die Garderobe des ‚Grafen von Hohenembs' – diesen Namen führte der Kaiser, wenn er inkognito reiste – war mehr als dürftig, außer dem Jagdkostüm, einem schon bedenklich unmodernen Frack und einem Salonrock, der auch schon halb der Geschichte angehörte, gab es kaum zwei brauchbare Sakkoanzüge...Die Wäsche war aus einfachem Kattun hergestellt und hätte einem Vergleich mit meiner nicht standhalten können ...“[46]
Modische Belange waren dem Kaiser gänzlich gleichgültig. Franz Joseph legte zwar enormen Wert darauf, dass alle Details an seinen Uniformen stimmten – welche Kappe oder welcher Helm zu jeder seiner unzähligen Uniformen passe; in Zivil legte er darauf nicht den geringsten Wert und trug, wie Ketterl fest-

Leibkammerdiener Eugen Ketterl in der Uniformgarderobe des Kaisers in der Hofburg. Zeichnung von Theodor Zasche, um 1900.

stellte, ohne Bedenken zu einem grünen Sakko eine blaue Krawatte. Mehr noch, er verabscheute es sogar, modisch gekleidet zu sein: „Vorgestern war um 9 Uhr der berühmte Schneider Frank bei mir, um meine Civil Garderobe zu revidieren und zu ergänzen, damit ich an der Riviera als angehender Gigerl auftreten könne“[47], schrieb er 1894 an Elisabeth.

Ketterl war auch höchst erstaunt darüber, dass der Kaiser von Österreich nur einen einzigen Pelz besaß. Es handelte sich um einen russischen Zobel, den ihm Zar Alexander II., mit dem Franz Joseph befreundet war, geschenkt hatte. Da der Zar natürlich Franz Josephs Vorliebe für Uniformen kannte, hatte er den Pelz mit einem grauen Überzug und Militärknöpfen versehen lassen, und der Kaiser trug ihn dann auch jahrein, jahraus auf all seinen Reisen. Als Ketterl nun den Kaiser höflich darauf aufmerksam machte, dass dieser Pelz nach zwanzigjähriger Dienstzeit wohl seine Schuldigkeit getan habe und man an die Anschaffung eines neuen gehen sollte, war dieser entsetzt und meinte: „Aber das kostet doch zuviel Geld!“[48] Ketterl bestand auf einem neuen Pelz, doch die Entscheidung, 800 Gulden dafür auszugeben, fiel dem Kaiser äußerst schwer, da er auf dem Standpunkt stand, dass alle Anschaffungen, die seinem persönlichen Gebrauch dienen sollten, überflüssig und daher zu vermeiden seien.

Prächtig war hingegen die ausländische Uniformgarderobe. Da bekannt war, dass Franz Joseph bei Besuchen ausländischer Fürsten diese stets in der Uniform ihrer Länder empfing, war es bei den Besuchern Usus geworden, dem Kaiser die prächtigsten Uniformes ihres Landes zu schenken. Ketterl ließ dabei allerdings nicht unerwähnt, dass sich unter vielen der dem Kaiser gewidmeten Ordenszeichen „in Brillanten“ falsche Edelsteine befanden – wobei es, wie er betonte, natürlich sein könne, dass die hohen Spender nichts davon wussten, und deren Lieferanten mit der Diskretion des Kaisers von Österreich rechneten.

Trotz seiner Sparsamkeit trug der Kaiser laut Ketterl jedoch niemals reparierte Wäsche. Waren aber Kleidungsstücke oder andere Gegenstände aus dem Privatgebrauch des Kaisers so abgetragen oder abgenützt, dass sogar der Kaiser einsah, dass sie ausgemustert werden müssen, wurden sie nicht weggeworfen, sondern mit dem Stempel A für „ausgemustert“ bzw. einem Vermerk des Kammerdieners versehen, gesondert aufbewahrt und um Weihnachten in einer großen Auktion versteigert. Dies galt für Socken und Hemden ebenso wie für Bürsten, Kämme, Seifenreste oder gar alte Zahnbürsten des Kaisers. Der Erlös ging an die Hofbediensteten.

… ohne Badezimmer?

Franz Josephs bescheidener Lebensstil ist bekannt, aber hatte er tatsächlich kein Badezimmer?

Der Wohnbereich des Kaisers war seinem Lebensstil entsprechend zweckmäßig eingerichtet, unter anderem schlief der Kaiser in einem einfachen Eisenbett und verfügte weder über kostbare Möbel noch zeitgemäßen Komfort. Waren Badezimmer in jedem aristokratischen und großbürgerlichen Haushalt ab den 1870er Jahren üblich, ließ der Kaiser tatsächlich bis zu seinem Lebensende keines einbauen. Dennoch begann der Tag des Kaisers jeden Morgen mit einem Bad. Franz Joseph wurde ohne Ausnahme täglich um halb vier Uhr früh von seinem Leibkammerdiener, dessen Dienstzimmer unmittelbar neben dem Schlafzimmer des Kaisers lag, mit den Worten „Leg’ mich zu Füßen Eurer Majestät, guten Morgen“ geweckt. Franz Joseph stand sofort auf und begann seine morgendliche Toilette, die direkt in seinem Schlafzimmer stattfand. In seinen Memoiren beklagte sein Kammerdiener Eugen Ketterl, dass der Waschtisch des Kaisers, ein hölzernes, aufklappbares Möbelstück mit viel zu geringem Fassungsraum so „fürchterlich primitiv“ war, dass sich Franz Joseph an dessen Ecken und Kanten überall blaue Flecken holte. Als Ketterl vorschlug einen neuen anzuschaffen, weigerte sich der Kaiser und nur mit einer List gelang es Ketterl, ihn zu einem Wechsel zu bewegen. Er behauptete, er habe in einem entlegenen Raum des Schlosses Schönbrunn einen schönen englischen Waschtisch entdeckt, der perfekt passen würde. Franz Joseph stimmte dem Austausch zu, Ketterl bestellte bei Wahliß einen schönen offenen Waschtisch und der Kaiser von Österreich verfügte damit über eine ordentliche Waschgelegenheit. Zu einem eigenen Badezimmer – wie es seine Frau seit dem Jahre 1876 hatte – konnte er jedoch nicht überredet werden. So wurde das morgendliche Bad des Kaisers in einer Kautschukbadewanne vorgenommen, die dafür täglich in das Schlafzimmer getragen wurde. Ein eigener Badediener war dem Kaiser dabei behilflich, allerdings kam es auf Grund der ungewöhnlichen Dienstzeiten mitunter zu Schwierigkeiten mit den Badedienern. So schilderte Ketterl: „Schon abends vorher war der Badeteppich im Schlafzimmer aufgebreitet worden, und nun traten das ‚Tub‘ und der ‚Badewaschler‘ in Aktion. Mit diesem Badediener hatten wir immer unsere liebe Not. Dieser Mann, der von der Vorsehung dazu ausersehen war, mit dem Kaiser von Österreich in intimsten persönlichen Verkehr zu treten, hielt sich auch dazu berechtigt, zwar nicht den Thron zu stützen, wohl aber sich selbst von dem Träger der Krone stützen zu lassen. Dies kam so: Um 3 Uhr früh aufstehen ist namentlich im Winter kein besonderes Vergnügen und nicht jedermanns Sache. ‚Wenn einen nun diese nachtschlafende Stunde schon zur Pflicht ruft‘, so dachte dieser wackere Mann, ‚gibt es nur ein Mittel, um über die Schwierigkeiten des Frühaufstehens hinwegzukommen: nämlich nicht schlafen zu gehen.‘ Gedacht, getan. Unser ‚Badewaschel‘ wurde also ein ständiger trinkfester Gast im benachbarten Vierstöcklkeller. Um nicht einzuschlafen, trank er und seine Methode bewirkte wohl, daß er zwar nicht einschlief, dafür aber mit dem seeli-

Löste den „Leibstuhl" ab: die Toilette des Kaisers zwischen den Doppeltüren des Schlafzimmers und des Westterrassenkabinetts, Schloss Schönbrunn.

schen und körperlichen Gleichgewicht in Konflikt geriet. So vergaß er denn auch in diesem Zustand die schuldige Ehrfurcht vor dem Monarchen und erschien einige Mal in aller Früh in nicht gerade audienzfähigem Zustand vor des Kaisers Gummiwanne. Der ungewohnte Anblick des immerhin originellen Untertanen belustigte anfangs den Monarchen, wenn sich der Mann in einer selbst sehr hilfsbedürftigen Verfassung an seine Dienstleistung heranmachte, und der Kaiser meinte nur, daß man doch einige Zeitlang auf ihn aufpassen möge, da er wahrscheinlich ‚nichts vertrage'. Als jedoch ein drittes Mal die mangelnde Standfestigkeit des Badewaschels dazu führte, daß er sich so kräftig an die Arme seiner Majestät anklammerte, daß im nächsten Augenblick die ohnehin kleine Badegelegenheit beinahe zwei Insassen gehabt hätte, war es mit der Dienstleistung dieses Mannes zu Ende. Seine Majestät ließ aber in seiner Güte nicht zu, daß er davongejagt wurde, und verlangte nur, daß ihm eine andere Aufgabe zuteil werde, die ihm den Vorwand nehme, sich nächtlich bis 3 Uhr früh im ‚Vierstöckl' wach halten zu müssen."[49]

Ketterl nahm sich schließlich des, wie er meinte, unhaltbaren Zustands des fehlenden Klosetts des Kaisers an. Während Kaiserin Elisabeth spätestens seit 1885 eine Toilette mit Wasserklosett verfügte, musste der Kaiser sowohl in der Hofburg als auch in Schönbrunn durch drei Zimmer gehen, um zu seinem Leibstuhl zu gelangen. Zunächst ließ Ketterl den Leibstuhl zwischen die Schlafzimmerdoppeltüren stellen, später wurde in Schönbrunn ebendort ein Klosett mit Wasserspülung eingebaut, in der Hofburg ließ er sogar von seinem Dienstzimmer einen Bereich abtrennen und schuf somit einen eigenen Raum für die Toilette des Kaisers.

Dieser Raum sollte später eine wichtige Rolle spielen, da ausgerechnet dort im Jahre 1900 das Telefon installiert wurde. Anlass war die Hochzeit der verwitweten Kronprinzessin Stephanie mit Elmer Graf Lónyay, die in Miramare stattfand und zu der der Kaiser telephonisch gratulieren sollte. Da sich Franz Joseph, der technischen Neuerungen bekanntlich negativ gegenüberstand, entschieden verbat, einen Apparat auf seinem Schreibtisch aufzustellen, fand sich unglaublicherweise kein anderer geeigneter Platz als eben dieser vom Dienstzimmer des Kammerdieners abgetrennte Raum, in dem sich das Klosett des Kaisers befand! Ketterl berichtete von folgender, wie er es nannte, „ergötzlichen" Szene: „Der Kaiser weilte gerade in dem abgetrennten Raum, als das Telephon läutete. ‚Was wird er jetzt machen?' dachte ich mir vor der Tür. ‚Warten!' rief seine Majestät. Es läutete abermals. ‚Warten!' donnerte der Kaiser, es schien fast, als meinte er, daß der Anrufende die Worte am anderen Ende des Drahtes hören müsse. Aber das rücksichtslose Telephon läutete ein drittes Mal, und verzweifelt rief nun der

Kaiser: ‚Ketterl, Ketterl, da will einer reden, schaun' S' wer das ist!'"[50] Es war nur der Kutscher, der nachfragen wollte, ob der Kaiser im offenen oder geschlossenen Wagen ausfahren wolle, da das Wetter unsicher sei.

... blieben seine Gäste hungrig?

Immer wieder ist zu hören, dass es zwar eine große Ehre war bei Hof zum Diner geladen zu sein, aber nicht sehr beliebt. Angeblich aß Kaiser Franz Joseph, dem als Erstem serviert wurde und der sofort zu essen begann, schnell und hastig, und daher konnte es passieren, dass die Gäste der langen Hoftafel hungrig blieben, da abserviert wurde, sobald der Kaiser fertig gegessen hatte.

Diese Darstellung entspricht jedoch nicht den Tatsachen. War man zur Hoftafel geladen, erhielt man eine „Einladung zur Tafel bei Seiner Majestät dem Kaiser". Darauf standen Datum, Uhrzeit und wo man zur Hofburg zufahren sollte, an welchem Ort man sich mit den übrigen Gästen zu versammeln hatte, sowie die Bekleidungsvorschrift. Wenn alle Gäste versammelt waren, wurde der Kaiser informiert und begab sich zu ihnen. Nach einer kurzen Begrüßung ging man zu Tisch. Der Kaiser saß immer in der Mitte der Tafel, ihm gegenüber sein Ehrengast, wobei Damen und Herren abwechselnd platziert waren. Konversation war nur mit dem Tischnachbarn gestattet. Die Tafel war stets mit vergoldeten Tafelaufsätzen geschmückt, die mit Konfekt und Blumen – die allerdings geruchlos sein mussten – dekoriert waren. Das Besteck lag auf der rechten Seite und war von außen nach innen gedeckt. Die Tafel war jeweils für einen Gang gedeckt; zu jedem Gang wurde ein anderer Wein serviert, wofür jeweils ein eigenes Glas vorgesehen war; neben dem Gedeck befanden sich die Menükarte sowie ein persönliches Salzschälchen. Dem Kaiser wurde gleichzeitig mit seinen

Gästen serviert, wobei er selbst von seinem Leibjäger oder vom diensthabenden Leibkammerdiener bedient wurde. Die übrigen Gäste wurden von Gruppen zu vier Mann, die für je vier Gäste zuständig waren, bedient. Der Servierlakai bot die Schüsseln und Platten an, der Weinlakai die Getränke, der Saucenmann gab die Saucen sowie das Gemüse aus. Der vierte Lakai wechselte die Teller, wobei das gesamte Servierpersonal unter der Aufsicht des Hoftafelinspektors präzise und vor allem lautlos zu arbeiten hatte. Franz Joseph war zwar kein Weinliebhaber, doch der Hofkeller war mit den verschiedensten Weinsorten bestückt. Hoftafeln begannen gewöhnlich mit Austern, zu denen Chablis getrunken wurde; danach gab es Suppe, zu der Bier kredenzt wurde; zur Vorspeise gab es Rheinwein, zum Fisch Bordeaux, zum Filet Champagner, zum Braten oder Geflügel Sherry oder Madeira, zum Dessert ungarischen Tokaier oder Lacrima Christi und zum schwarzen Kaffee wurden schließlich verschiedene Liköre serviert. Damit die Speisen immer frisch und vor allem warm serviert werden konnten,

Die Allerhöchste Hoftafel im Alexanderappartement der Hofburg.

wurden sie von der Hofküche in beheizten Wärmekisten in die jeweilige Appartements transportiert und in angrenzenden Anrichteräumen mit Kohle-, später auch mit Gasrechauds warm gehalten. Der Gang galt als beendet, sobald der Kaiser sein Besteck niedergelegt hatte. Da daraufhin sofort abserviert wurde, achtete Franz Joseph als höflicher Gastgeber stets darauf, langsam zu essen und sein Besteck erst niederzulegen, wenn seine Gäste fertiggespeist hatten. Ein Diner bei Hof bestand aus 9–13 Gängen und dauerte um die 45 Minuten – also nicht sehr lange. Konversation und Gespräche in einer größeren Gruppe waren erst nach dem Diner möglich, dazu zogen sich die Herren meist in den Rauchsalon zurück. Das Gerücht, man habe bei Hof nichts zu essen bekommen, da der Kaiser so wenig und so hastig aß, dass bereits wieder abserviert wurde, kaum dass man serviert bekommen hatte, muss also ins Reich der Legenden verwiesen werden. Der Kaiser nahm selbstverständlich auf seine Gäste Rücksicht und Generalmajor Mendl-Burghardt, selbst einige Male Gaste bei Hof, erinnerte sich: „Man hat oftmals gehört, dass man sich bei einer Hoftafel nicht sattessen könne, weil ein Gang den anderen jage. Dem muß ich nun entschieden widersprechen; denn es blieb genügend Zeit, von der Fülle des Gebotenen reichlich zu genießen …“[51]

… distanzierter Vater, aber liebevoller Großvater?

Dass Franz Joseph ein eher distanziertes Verhältnis zu seinen erwachsenen Kindern hatte, ist bekannt – doch wie war er in seiner Rolle als 14-facher Großvater?

Als die älteren Kinder Gisela (1856) und Rudolf (1858) geboren wurden, befand sich Franz Joseph am Beginn seiner Regentschaft, stand politisch unter Druck und verbrachte daher wenig Zeit mit seinen Kindern. Er bemühte sich zwar ein guter Vater zu sein, Staatsgeschäfte hatten jedoch Vorrang.

Außerdem wusste er die Kinder in guter Obhut – unabhängig davon, ob sie von Elisabeth oder seiner Mutter Sophie erzogen werden sollten. Beeinflusst von ihrer Großmutter, hatten die Kinder vor ihrem Vater zwar höchsten Respekt, sahen in ihm aber mehr den Kaiser als ihren Vater. Nur die 1868 geborene, jüngste Tochter Marie Valerie, die im Unterschied zu ihren Geschwistern die meiste Zeit mit ihrer Mutter verbringen durfte, hatte damit auch mehr Kontakt zu ihrem Vater, wobei sie die wenige Zeit, die sie mit ihm verbringen durfte, umso aufregender fand. Die Kinder hatten gelernt, ihre Gefühle ihrem Vater gegenüber zu verbergen, und vor allem die schwärmerische Marie Valerie litt darunter, ihrem Vater nie wirklich zeigen zu können, wie sehr sie ihn liebte und bewunderte: „O! Könnte ich ihm nur alles sagen, was ich für ihn fühle! Könnte er es nur ahnen!“[52]
Gerade Marie Valerie, die von Elisabeth mit ihrer spät entdeckten Mutterliebe überschüttet wurde, fühlte sich sehr zu ihrem Vater hingezogen und war ihm in vielem ähnlich, traute sich aber nie, offen und ungeniert mit ihm zu sprechen. Euphorisch schilderte die Sechzehnjährige in ihrem Tagebuch, wie sie erstmals mit ihrem Vater in seinem Arbeitszimmer frühstücken und ihm am nächsten Tag sogar beim Arbeiten zusehen durfte. Franz Joseph meinte zwar, dass es doch langweilig sein müsse, ihm beim Arbeiten zuzusehen, für Marie Valerie war es aber das größte Glück, über eine Stunde mäuschenstill neben ihrem verehrten Vater sitzen zu dürfen. Franz Joseph hatte keine Ahnung, was für eine große Freude er seiner Tochter damit machte. Marie Valerie hatte auch immer Angst, dass ihre Mutter eifersüchtig sein könnte und suchte daher nur dann zu ihrem Vater Kontakt, wenn Elisabeth auf Reisen war. War sie mit beiden Eltern zusammen, traute sie sich nie, Franz Joseph ihre Zuneigung zu zeigen. Aus ihrem Tagebuch geht auch hervor, wie schwer es für Franz Joseph selbst seiner Familie gegenüber war, seine Gefühle zu zeigen. Als Marie Valerie ihm

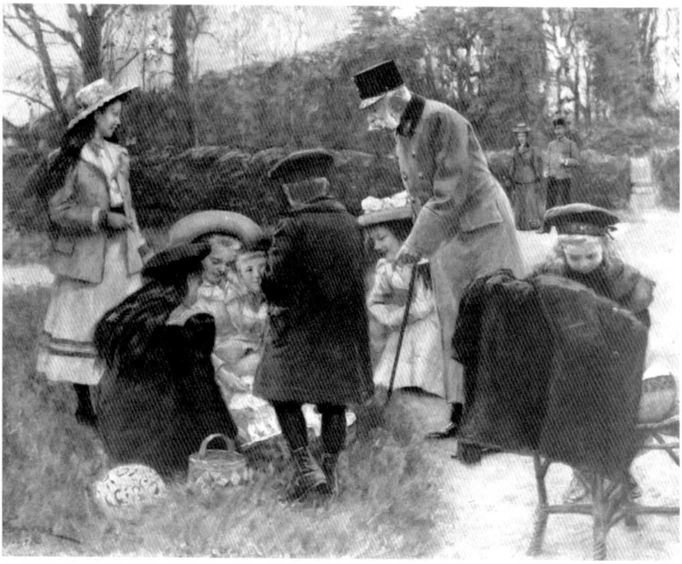

Franz Joseph beschert seinen sieben Enkelkindern im Schlosspark von Wallsee Ostergeschenke. Gemälde von Wilhelm Gause, 1910.

mitteilte, dass sie sich verloben wolle, war sie über seine nüchterne Reaktion zunächst beinahe gekränkt, doch dann merkte sie dass er sich nur beherrschte: Als Elisabeth ihm eröffnete, dass Erzherzog Franz Salvator der Auserwählte ihrer Tochter sei, antwortete der Kaiser nur: „Was heißt das?" Valerie antwortete: „‚Ich will mich halt verloben', worauf Mama lachte. Papa nickte mit dem Kopf und sagte trocken: ‚Jetzt muß man die Hochzeit bestimmen.' Mama war empört und ich befremdet, daß er es gar so geschäftig nahm, und doch glaube ich, er tat nur so, denn als er seine Erlaubnis gegeben und ich seine Hand geküsst hatte, da ging er zum Fenster, vielleicht um seine Rührung zu verbergen ..."[53] Marie Valerie gab ihrer Großmutter Sophie die Schuld für die Unnahbarkeit ihres Vaters und sein Unvermögen Gefühle zu zeigen: „... wenn das die Wirkung von Großmama Sophies System ist, mag es ihr wohl ein bitteres Fegefeuer bereiten ... dies entsetzliche Hofleben, das

Papa die Fähigkeit künstlich geraubt hat, einfachen, ungezwungenen Verkehr zu genießen ...“[54]
Seine Sehnsucht nach familiärer Geborgenheit konnte Franz Joseph schließlich erst als Großvater ausleben. Seine Kinder hatten ihn zum 14-fachen Großvater gemacht und die Enkelkinder hatten ein weitaus weniger distanziertes Verhältnis zu ihm als seine Kinder. Er verbrachte vor allem viel Zeit mit den Kindern seiner Tochter Marie Valerie auf Schloss Wallsee in Niederösterreich, feierte mit ihnen Ostern und Weihnachten, kam aber auch gern zwischendurch ein paar Tage und genoss das harmonische und fröhliche Familienleben. Vor allem aber liebte er die Rolle des „Opapas“, wie ihn die Kinder nannten, spielte stundenlang mit den Kindern, krabbelte mit ihnen auf dem Boden, spielte Verstecken oder Hoppa-Hoppa-Reiter, und aß gehorsam in der Puppenküche fabrizierte Phantasiegerichte. Valerie schrieb in ihr Tagebuch: „Die Kinder sind seine größte Freude – er rollte sich sogar am Boden, Ella zulieb.“[55] Valerie war beinahe eifersüchtig, da sie sich immer so einen Vater gewünscht hatte, der er damals aber noch nicht sein konnte. Ihre Kinder hatten keine Scheu oder übergroßen Respekt vor ihrem kaiserlichen Großvater – sie waren ausgelassen, kommandierten ihn herum und Valerie merkte, dass ihm genau das großen Spaß machte. In ihrem Tagebuch notierte Valerie: „Es macht mich so traurig und doch vermag ich es nicht zu ändern, daß das Beisammensein mit Papa mir ein Zwang ist wie mit dem fremdesten Menschen. Die Kinder scheinen dies viel weniger zu empfinden und sind mit ihm vertrauter, als ich es jemals war.“[56]
Franz Joseph hatte es unter dem Einfluss seiner Mutter verabsäumt, ein inniges Verhältnis zu seinen Kindern aufzubauen. Bei seinen Enkelkindern bemühte er sich nun, Versäumtes nachzuholen. Wenn die Enkel zu Besuch in Wien waren, durften sie ihm sogar in seinem Arbeitszimmer beim Arbeiten zusehen, bzw. neben ihm spielen. Er verteilte dann Umschläge geöffneter Briefe sowie Buntstifte und hob die fabrizierten

Zeichnungen stolz auf. Sobald die Kinder allein essen konnten, durften sie sogar bei ihm im Arbeitszimmer essen. So schweigsam und gedrückt Franz Joseph vor allem nach Elisabeths Tod im Beisein seiner Töchter war, so unbeschwert und fröhlich war er in Gesellschaft der Enkel, die ihm für ein paar Stunden ein spätes „Familienleben“ ermöglichten.

…gescheiterte Ehe mit Elisabeth?

War die Ehe des Kaiserpaares auf Grund ihrer unterschiedlichen Charaktere bald gescheitert und hatten sie sich im Alter nicht nur nichts mehr zu sagen, sondern gingen einander sogar aus dem Weg?

Franz Joseph liebte seine Frau sein Leben lang über alles und erfüllte ihr jeden Wunsch. Nur mit seiner Unterstützung – auch in finanzieller Hinsicht – konnte sie ihr unabhängiges Leben führen und ihre kostspieligen Reisen und Refugien finanzieren, die Unsummen verschlangen. Das Kaiserpaar hatte sich trotz völlig unterschiedlicher Charaktere und Lebensführung arrangiert. Elisabeth hatte zwar ihre Hoffnungen auf eine für sie erfüllte Ehe bald aufgegeben, als sie jedoch von ihren Verpflichtungen als Kaiserin befreit war, entwickelte sich – wohl auch durch die Distanz – eine freundschaftliche Ehe in der sich beide gegenseitig stets schätzten und achteten. Marie Festetics meinte zum Verhältnis Elisabeths zu ihrem Mann: „… dass sie ihn achtete und gerne hatte, aber geliebt hat sie ihn wohl nicht.“[57] Das Paar war aber dennoch nicht nur vertrauter miteinander, sondern sah sich auch weit öfter als zumeist dargestellt. Auch in den späten Jahren, als Elisabeth viel reiste, trafen sie sich regelmäßig: einige Wochen im Frühling in der Hermesvilla in Wien – meist gemeinsam mit den Töchtern, im Sommer in Ischl, im Herbst einige Tage in Ungarn. In der Zeit, in der Elisabeth auf Reisen war, schrieben sie sich beinahe täglich. Es

Das Kaiserpaar hatte sich arrangiert: Franz Joseph bei einem Spaziergang mit Elisabeth im Luitpoldpark in Bad Kissingen, 1898.

handelt sich dabei durchaus nicht, wie manchmal behauptet, um oberflächliche Pflichtbriefe, sondern sie schilderten detailliert ihre Tage, Begebenheiten und Gedanken. Elisabeth berichtete ausführlich von ihren Reisen, ihren Erlebnissen und Eindrücken, Franz Joseph erzählte von den Kindern, seinem Alltag und drückte in allen Briefen seine Sehnsucht nach ihr aus. Franz Josephs Briefe begannen immer mit „Meine liebste Engels-Sisi", „Mein lieber Engel" oder „Meine heiß geliebte Sisi" und endeten mit „Dein Dich innigst liebendes (oder ‚einsames') Männeken", später nur noch mit „Dein Kleiner". 1866 schrieb

er: „Mein lieber Engel! Jetzt bin ich wieder mit meinem vielen Kummer allein und sehne mich nach Dir. Komme bald wieder, mich zu besuchen, das heißt, wenn es Deine Kräfte und Deine Gesundheit erlauben, denn wenn Du auch recht bös und sekkant warst, so habe ich Dich doch so unendlich lieb, daß ich ohne Dich nicht sein kann ...“[58]
Franz Joseph sehnte sich auch in den späteren Jahren ihrer Ehe noch immer nach seiner Frau und auch sie bemühte sich, ihm mit Kleinigkeiten eine Freude zu machen – indem er zum Beispiel nach einem Abschied ein Rosenbouquet von ihr auf seinem Schreibtisch vorfand. Franz Joseph war gerührt und die Zeit nach gemeinsam verbrachten Tagen fiel ihm besonders schwer. 1893 schrieb er: „Ich gewöhne mich nur langsam an die Einsamkeit, die Augenblicke bei Deinem Frühstücke und die gemeinsamen Abende gehen mir, trotz der in Deinen Zimmern herrschenden Kälte, sehr ab und schon zweimal war ich auf meinem Weg zur Bellaria in Deinen Zimmern, wo zwar alle Möbel verhängt sind, wo mich aber Alles so wehmütig an Dich erinnert ...“[59] Die schönste gemeinsame Zeit verbrachten sie jeden Frühsommer, wenn sie sich für einige Tage ganz privat an der Côte d'Azur trafen. Elisabeth freute sich auf diese Treffen, reiste immer schon lange vorher an, um alles für Franz Joseph vorzubereiten – suchte neue, schöne Spazierwege, organisierte Ausflüge und gemütliche Abende, die sie ausnahmsweise ganz alleine verbrachten. Nach diesen harmonischen Tagen gingen sie wieder getrennte Wege. Franz Joseph gingen diese Trennungen auch noch nach vielen Jahren nahe – im Jahr 1897 schrieb er nach einem dieser kurzen gemeinsamen Treffen: „Édes szeretett lelkem (meine süße geliebte Seele/Engel) Nach so unendlich kurzem Zusammensein, sind wir wieder auf den schriftlichen Verkehr beschränkt. Das ist sehr traurig, lässt sich aber leider nicht ändern. Die neuerliche Trennung von Dir geht mir sehr nahe ...“[60] In seinem vorletzten Brief an Elisabeth schrieb Franz Joseph am 9. September 1898: „Wie glücklich

Das Arbeitszimmer Franz Josephs in der Hofburg mit seinem Lieblingsporträt: Elisabeth im Morgenlicht von Franz Xaver Winterhalter.

Seite 85: Das offizielle Porträt Franz Josephs zur Thronbesteigung am 2. Dezember 1848. Kolorierte Lithographie von Josef Kriehuber.

Seite 86/87: Bescheidener, beinahe spartanischer Lebensstil: das Schlafzimmer Franz Josephs in der Hofburg.

wäre ich, wenn ich, Deinem Wunsche gemäß, einige Zeit mit Dir in Ruhe alles das genießen und Dich nach so langer Trennung wieder sehen könnte; allein daran kann ich jetzt leider nicht denken, denn außer der so schwierigen politischen Lage ist bereits die ganze zweite Hälfte September für Jubiläumsfeste, Kircheneinweihungen und Besichtigung der Ausstellung in Anspruch genommen ...“[61]

Dass sich das Kaiserpaar völlig entfremdet hätte und schließlich getrennte Wege gegangen wäre, ist demnach nicht zutreffend.

... außereheliche Verhältnisse und Kinder?

Franz Joseph liebte seine Frau sein Leben lang über alles. Kann es also sein, dass er neben ihr Geliebte oder gar außereheliche Kinder hatte?

Obwohl Franz Joseph Elisabeth ein Leben lang liebte, gab es auch andere Frauen neben ihr. In den 1870er Jahren hatte er ein Verhältnis mit Fräulein Rosa Moskowitz, der Weißnäherin der Hofwäschekammer der Hofburg, die sich nach drei Jahren Hofdienst ins Privatleben zurückzog, von da an eine vom Hof auf Lebenszeit ausbezahlte Rente von dreihundert Gulden erhielt und später den Grafen Andreas Zichy heiratete.

Ein langjähriges Verhältnis hatte er mit Anna Nahowski, die er 1875 bei einem Spaziergang im Schönbrunner Schlosspark kennenlernte. Die fünfzehnjährige Anna war bereits damals mit dem Seidenfabrikant Johann Heuduck verheiratet. Die beiden trafen sich zunächst zu regelmäßigen gemeinsamen Spaziergängen im Schlosspark. Ihr spielsüchtiger Mann war zu diesem Zeitpunkt schon tief verschuldet, musste Konkurs anmelden, und ihre Ehe war gescheitert. 1878 ließ sich Anna, die mit Heuduck eine gemeinsame Tochter hatte, scheiden. Im gleichen Herbst besuchte Franz Joseph Anna das erste Mal in ihrer

Wohnung in Hetzendorf, wobei er kein Geheimnis daraus machte, worum es bei diesem Treffen gehen sollte:
„Wenn ich komme, werden Sie das lästige Mieder nicht haben ‚Wissen Sie was', fuhr er fort, ‚wenn Sie mich lieb haben, erwarten Sie mich im Bett.'"[62]
Von nun an kam Franz Joseph wenn er in Schönbrunn residierte regelmäßig auf Besuch – jedes Mal zwischen 4 und ½ 5 Uhr früh. Im darauf folgenden Winter, als sich die beiden für einige Monate nicht sahen, lernte Anna den Eisenbahnbeamten Franz Nahowski kennen und verliebte sich in ihn. Ein Jahr lang traf sie sich nun sowohl mit dem Kaiser als auch mit Nahowski, wenn er auf Besuch in Wien war, und war zwischen beiden Männern hin- und hergerissen. Als sie jedoch 1882 von Nahowski schwanger wurde, beschloss sie ihn zu heiraten und teilte Franz Joseph, dem sie ihre Schwangerschaft verbarg, ihren Entschluss mit. Bei seinem nächsten Besuch brachte der Kaiser ein Kuvert mit 50.000 Gulden mit und meinte, dass sie sich ab nun nur noch freundschaftlich begegnen dürften. Dabei blieb es jedoch nicht und Franz Joseph kam auch weiterhin auf Besuch. Da Annas Wohnung in Hetzendorf für die kurzen Besuche mit der Zeit unpraktisch wurde, überredete sie ihren Mann ein Haus in der Maxinggasse 46 zu kaufen: „Es lag mir schon lange im Sinn, dieses Haus zu kaufen da ich es für die Besuche des Kaisers sehr geeignet finde, da doch der Weg nach Hetzendorf sehr weit ist, besonders wenn Regenwetter, u. der Kaiser bis auf die Haut durchnäßt kommt. Es hat Mühe gekostet Nahowski für das alte, verwahrloste Haus zu interessieren."[63]
Im November wurde Anna wieder schwanger – da es in diesem Zeitraum keine Einträge über Besuche des Kaisers gibt, bleibt offen, wer der Vater des Kindes war. Franz Nahowski wusste zwar offiziell nichts vom Verhältnis seiner Frau mit dem Kaiser, da er jedoch nie nachfragte, wo denn die 50.000 Gulden hergekommen waren, mit denen sie sich das Haus und die Renovierung leisten konnten, wusste er sicherlich Bescheid. Berufliche

Vorteile hatte er jedoch keine, sondern war sogar entlassen worden. Das Verhältnis dauerte insgesamt beinahe 14 Jahre, blieb aber mit wenigen Ausnahmen auf die kurzen morgendlichen Besuche beschränkt, die wohl nur einem Zwecke dienten. Gemütliche und vertraute gemeinsame Stunden, regen brieflichen Kontakt und Geschenke wie später bei Katharina Schratt gab es niemals. Als Franz Joseph Katharina Schratt kennen lernte, beendete er das Verhältnis schließlich. Im März 1889 erhielt Anna einen Brief des Generaldirektors des Ah. Privat- und Familienfonds, der sie zu einer Unterredung in sein Büro bat.

Empfing den Kaiser jeweils in den frühen Morgenstunden in ihrem Haus in der Maxinggasse 46: Anna Nahowski.

Dort eröffnete er ihr, der Kaiser wolle ihr ein Geschenk machen, das in der Höhe sein dürfe wie das, das sie schon einmal erhalten habe. Anna verstand, dass es sich um ein Abschiedsgeschenk handelte, war nicht verlegen und verlangte ein Vierfaches der angebotenen Summe, um, wie sie meinte, ihre Kinder gut versorgen zu können, da ihr Mann ja seinen Dienst verloren hatte. Da Anna bereits durch einige öffentliche Eifersuchtsszenen aufgefallen war und der Hof jegliches Aufsehen vermeiden wollte, erhielt sie auch die geforderten 200.000 Gulden – umgerechnet ca. 1,8 Mio. Euro. Im Gegenzug unterschrieb sie folgende Erklärung: „Ich bestätige hiermit, daß ich am heutigen Tag 200.000 fl als Geschenk von Seiner Majestät den Kaiser erhalten habe. Ferner schwöre ich, daß ich über die Begegnung mit Seiner Majestät jederzeit schweigen werde. Anna Nahowski Wien, 14. März 1889."[64] Ob Helene Nahowski, die später den Komponisten Alban Berg heiratete, Franz Josephs Tochter war, geht aus Anna Nahowskis Memoiren, die nach ihrem Tod von ihrer Tochter veröffentlicht wurden, nicht hervor. Sie selbst äußerte sich auch niemals dazu und da sie die Abfindungssumme für ihre „Kinder" forderte, von denen ja nur Helene als Tochter des Kaisers in Frage kam, kann dies auch nicht als Indiz bewertet werden.

… Katharina Schratt – Freundin oder Geliebte?

Dass „die Freundin", wie sie in der Familie genannt wurde, die Vertraute und Gefährtin des Kaisers war, ist bekannt – aber war sie seine Geliebte?

Nachdem Franz Joseph Anna Nahowski großzügig abgefunden hatte, konnte er sich der Frau widmen, die für den Rest seines Lebens seine „Freundin" und Vertraute bleiben sollte: Katharina Schratt. Niemand geringerer als Kaiserin Elisabeth selbst hatte ihrem Mann die gefeierte Burgschauspielerin vorgestellt und ihre Beziehung von Beginn an gefördert. „Bei ihr finde der Kaiser nicht die Zerstreuung, auf die er nach anstrengender Arbeit Anspruch habe", erklärte die Kaiserin ihrer Hofdame Marie Festetics.[65] Elisabeth schätzte die Diskretion und unaufdringliche Freundschaft der Schratt, wusste ihren Mann in guten Händen und hatte sich damit ein weiteres Stück Unabhängigkeit gesichert. Die 1853 geborene Katharina Schratt, eine Kaufmannstochter aus Baden bei Wien, begann ihre Karriere am Wiener Stadttheater, danach nahm sie Engagements in Berlin, St. Petersburg und Amerika an. 1879 heiratete sie den ungarischen Baron Nikolaus Kiss de Ittebe, bekam einen Sohn, trennte sich jedoch schon bald von ihrem Mann, ohne sich von ihm scheiden zu lassen und kehrte nach Wien ans Burgtheater zurück. Um den Kaiser diskret treffen zu können, besuchte Frau Schratt zunächst meist ganz unverdächtig die Vorleserin und Vertraute der Kaiserin, Ida Ferenczy, in ihrer Dienstwohnung in der Hofburg. Ganz „zufällig" gesellte sich auch der Kaiser dazu. So blieb der Anstand gewahrt und Katharina Schratt war mit ihrer humorvollen, unkomplizierten und gemütlichen Art sowohl bei Hof als auch in der Familie bald als „die Freundin" akzeptiert und anerkannt. Sie verbrachte viel Zeit mit dem Kaiserpaar und war oft zu Familiendiners eingeladen. Die Einzige, die über die Entwicklung unglücklich war, war Franz Josephs jüngste Tochter Marie Valerie, die sich anfangs äußerst eifersüchtig zeigte und nicht verstehen konnte, wieso ihre Mutter diese Freundschaft so unterstützte. Vor allem der tragische Tod Kronprinz Rudolfs brachte die beiden einander sehr nahe. Franz Joseph suchte und fand bei ihr Trost – Elisabeth war ihm in dieser Zeit keine Stütze. Am 5. Februar 1889 schrieb er an Katharina Schratt: „Heute nur wenige Zeilen … um Ihnen zu sagen, daß ich in meinem unsagbaren Schmerze, viel und mit den Gefühlen innigsten Dankes an Sie denke. Ihre treue Freundschaft und Ihre wohltuende, ruhige Theilnahme waren uns ein großer Trost in diesen letzten entsetzlichen Tagen …"[66]

Und ein Jahr danach: „... könnte ich nur auch so schön schreiben und meinen Gefühlen den rechten Ausdruck geben, so aber kann ich meinen innigsten Dank nur in die Worte kleiden, die auch nur eine Wiederholung sind: daß ich Sie unendlich, ganz entsetzlich lieb habe. Wie kann ich Ihnen genug danken für die Güte und den Trost in dem traurigen Jahre, das nun zu Ende ist. Die schweren Augenblicke, die Sie mit uns durchlebt haben sind ein unauflösliches Band fürs Leben und so lassen Sie mit der Zuversicht Ausdruck geben, daß unsere Freundschaft eine treue und feste bleiben wird."[67]

Katharina Schratt wurde zu einem festen Bestandteil seines Lebens und Franz Joseph, der seine Gewohnheiten fortführte, kam nun – immerhin erst um sieben Uhr früh – in die Villa der „Gnädigen Frau" in der Hietzinger Gloriettegasse nahe des Schönbrunner Schlossparks zum Frühstück. Katharina Schratt hatte immer einen frischen Gugelhupf, vor allem aber unterhaltsame Geschichten für den Kaiser parat. Oft gingen sie auch zu Mittag gemeinsam im Schlosspark spazieren. Für die Sommeraufenthalte des Kaisers in Ischl erwarb Katharina Schratt die Villa Felicitas, die in unmittelbarer Nähe zur Kaiservilla lag. Auch hier bewirtete sie den Kaiser mit seinen Lieblingsspeisen, manchmal waren bei den Treffen auch prominente Gäste wie Alexander Girardi oder andere Schauspieler- und Künstlerkollegen anwesend und trugen damit zur Unterhaltung des Kaisers bei. Doch Katharina Schratt unterhielt den Kaiser nicht nur, sondern kümmerte sich auch um ihn. Da er ja Gegenstände, die sein Leben erleichtern konnten, meist als überflüssig ablehnte, schenkte sie ihm einfach immer wieder nützliche Dinge. Dazu gehörte ein Ventilator, der die heißen und stickigen Tage in seinem Arbeitszimmer erträglicher machen sollte, oder ein Bettvorleger.

Ob Katharina Schratt die Geliebte oder „nur" Vertraute des Kaisers war, ist bis heute nicht eindeutig festzustellen. In ihrer Korrespondenz, die in dieser Hinsicht allerdings vielleicht

Die „Freundin": Franz Joseph bei einem Spaziergang mit Katharina Schratt in Bad Ischl. Foto, um 1910.

keine optimale Quelle darstellt, ist jedenfalls kein Hinweis darauf zu finden, ob ihre Freundschaft mehr als platonisch war. In den Briefen ist zwar von Küssen die Rede, die als Stricherl angedeutet sind, aber die Briefe, in denen der Kaiser darauf hofft, sie „wieder einmal im Bette zu finden“[68], sind in diesem Fall kein Beweis für eine intime Beziehung, da sie die damals sogenannte „stille Woche“ – also die Menstruation – betrafen, die Katharina Schratt meist im Bett verbrachte. Sie empfing jedoch auch in diesen Tagen, im eleganten Negligé im Bette liegend, Besuche und Franz Joseph fand diese Stunden besonders gemütlich und vertraulich und beschrieb sie sogar in seinen Briefen an Kaiserin Elisabeth. Der Leibkammerdiener des Kaisers, Eugen Ketterl, beschrieb die Beziehung in seinen Memoiren folgendermaßen: „Frau v. Schratt war nicht die ‚Freundin‘ des Kaisers, sondern sie war des Kaisers Freund, und zwar dessen treuester, bester, klügster und uneigennützigster.“[69]

Im Hinblick auf die bei Hof übliche Praxis, Geliebte finanziell abzufinden oder ihnen größere Beträge zu hinterlassen, war bislang irritierend, dass Katharina Schratt nicht im Testament des Kaisers bedacht war und es auch keine vergleichbare Verfügung gab. Der Kaiser hatte sich zwar stets äußerst großzügig gezeigt und Katharina Schratt regelmäßig kostbare Geschenke – meist Schmuck und Juwelen des Hofjuweliers Köchert – gemacht sowie nicht selten ihre beträchtlichen Spielschulden beglichen; Dokumente, die eine direkte finanzielle Unterstützungen belegt hätten, gab es jedoch keine, was indirekt gegen eine intime Verbindung sprach.

Im Zuge der Recherchen für dieses Buch wurden nun erstmals Verfügungen des Kaisers entdeckt, die ein ganz neues Licht auf die Angelegenheit werfen.

So verfügte der Kaiser im März 1889: „Lieber Freiherr v. Mayr! Der Hofschauspielerin Katharina v. Kiss, geborene Schratt, mit welcher mich die innigste und reinste Freundschaft verbindet,

und welche der Kaiserin und Mir in der schwersten Stunde unseres Lebens mit treuer Anhänglichkeit beigestanden ist nach Meinem Tode die Summe von fünfmalhundert Tausend Gulden zu übergeben.
Ich ersuche den Generaldirektor-Stellvertreter der alp. Montangesellschaft Eduard Palmer sich ihrer und ihres Sohnes anzunehmen, und ihr in der Verwaltung und Verwendung ihres Vermögens mit Rath und That beizustehen.
Demgemäß haben Sie die genannte Summe in meiner Handkasse in einem abgesonderten Pakete nebst dieser Widmungsurkunde aufzubewahren.
Die Zinsen dieses Kapitals sind jedoch während meiner Lebensdauer in Meiner Handkassa Rechnung aufzunehmen.
Budapest den 2ten März 1889
FranzJoseph"[70]

Zehn Jahre später ergänzte Franz Joseph die Verfügung und erhöhte die Summe: „Lieber Freiherr von Chertek! Ich finde Mich bestimmt, das gegenwärtig aus 625.000 fl (Gulden) ö.W. (österreichischer Währung) bestehende Schenkungscapital für Frau Katharina von Kitt, geb. Schratt auf eine Million zweihundert fünfzigtausend Gulden zu erhöhen und in Abänderung der in Meinem Handschreiben vom 2. März 1889 enthaltenen Bestimmung, wonach das Schenkungscapital in Meiner Handkasse aufzubewahren ist, anzuordnen, daß sowohl das frühere, in 4% iger österreichischer Kronenrente fruchtbringend angelegte Schenkungscapital im Nominalbetrage von 1,250.000 Kronen, als auch das vorstehend gewidmete weitere, Meiner Hand-Reservekasse zu entnehmende, gleichfalls in 4% iger österreichischer Kronenrente zinstragend anzulegende Schenkungscapital von 625.000 fl ö W. = 1,250.000 Kronen in die Depositenabtheilung Meiner Privat- und Familien-Handkasse übertragen und in derselben als Eigenthum der Frau Katharina von Kiss geb. Schratt aufbewahrt werde.

Vom Depot sind in einem versiegelten Couvert Meine Handschreiben vom 2. März 1889 und vom heutigen Tage als die mit der Annahmeerklärung der Geschenknehmerin versehenen Schenkungsurkunde beizulegen, und ist über das Depot ein auf den Namen „Fidelis" lautender Erlagsschein auszufertigen,

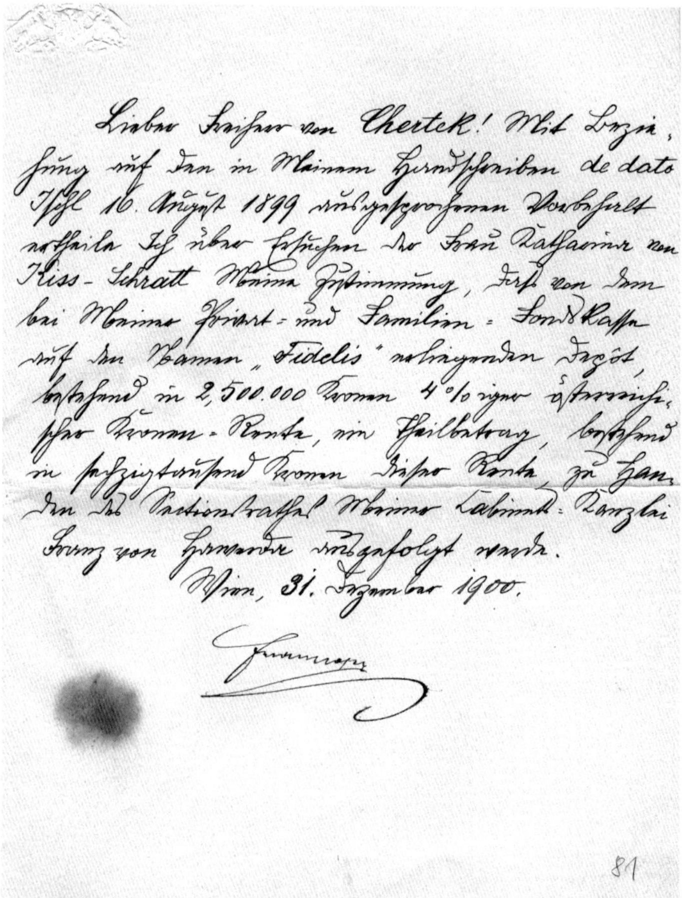

Lieber Freiherr von Chertek! Mit Bezie-
hung auf den in Meinem Handschreiben de dato
Ischl 16. August 1899 ausgesprochenen Vorbehalt
ertheile Ich über Ersuchen der Frau Katharina von
Kiss-Schratt Meine Zustimmung, daß von dem
bei Meiner Privat- und Familien-Fondskasse
auf den Namen „Fidelis" erliegenden Depôt,
bestehend in 2,500.000 Kronen 4%iger österreichi-
scher Kronen-Rente, ein Theilbetrag, bestehend
in sechzigtausend Kronen dieser Rente, zu Han-
den des Sectionsrathes Meiner Cabinets-Kanzlei
Franz von Hawerda ausgefolgt werde.

Wien, 31. Dezember 1900.

Franz Joseph

81

Schreiben Kaiser Franz Josephs an den Verwalter des Allerhöchsten Privat- und Familienfonds Baron Chertek, aus dem hervorgeht, dass der Kaiser für Katharina Schratt ein mit 2,5 Millionen Kronen dotiertes Depot, lautend auf „Fidelis", eingerichtet hatte.

welcher der genannten Geschenknehmerin oder ihrem Machthaber zu übergeben ist und die Bemerkung zu enthalten hat, dass das in demselben bestätigte Depot der Überbringer gegen Einziehung des Erlagsscheines sofort ausgefolgt werden wird. Die Zinsen des Schenkungscapitales sind der Geschenknehmerin oder deren Machthaber jeweilig auszuzahlen doch dürfen das Capital oder Theile desselben während Meiner Lebensdauer ohne Meine Zustimmung nicht behoben werden.
Hienach haben Sie das Erforderliche zu veranlassen.
Ischl, 16. August 1899
FranzJoseph“[71]

Der Kaiser vermachte demnach Katharina Schratt 2,5 Millionen Kronen – umgerechnet 11 Millionen Euro. Katharina Schratt ließ sich zwar noch zu Lebzeiten des Kaisers einige größere Beträge überweisen, dennoch konnte sie auch nach seinem Tod ein sorgenfreies Leben in ihrem Palais am Kärntnerring führen. Bis zu ihrem Tod am 17. April 1940 schwieg sie eisern über ihr Verhältnis zu Kaiser Franz Joseph. In Anbetracht der Größenordnung der ihr vermachten Schenkung und finanziellen Zuwendung bzw. Absicherung ist es kaum vorstellbar, dass es sich um ein rein freundschaftliches Verhältnis gehandelt hat.
Offen bleibt jedoch die Frage, ob der Kaiser Katharina Schratt im hohen Alter noch geheiratet hat. Es gibt zwar Publikationen, die diese Annahme unterstützen, indem sie sich auf Augenzeugen der betreffenden Eintragung im Trauungsbuch des Erzbischöflichen Palais, in dem die Hochzeit angeblich stattgefunden hat, berufen – das Trauungsbuch ist jedoch nicht mehr existent.

Kaiserin Elisabeth

… Familienidyll in Bayern?

Wuchs Elisabeth in einem harmonischen Familienidyll in Bayern auf und entstammte sie einer liebevollen und glücklichen Ehe?

Die Ehe zwischen Herzog Max in Bayern und der bayerischen Königstochter Ludovika, Elisabeths Eltern, war keine glückliche. Das Ehepaar lebte mehr oder weniger getrennt, Ludovika kümmerte sich um die acht Kinder, Max war viel auf Reisen und verbrachte die meiste Zeit in Bayern mit seinen Geliebten und den außerehelichen Kindern. Dies war im 19. Jahrhundert jedoch weder eine Ausnahme noch ein Skandal. Da Ehen in aristokratischen Schichten keine Herzensangelegenheiten waren, sondern aus dynastischen Gründen geschlossen wurden, rechnete man auch nicht mit der lebenslangen Treue der Ehepartner. Geliebte gehörten zum gelebten Alltag, aus diesen Verbindungen hervorgegangene Buben erhielten gute Ausbildungen und Stellungen, Mädchen bekamen gute Mitgiften und waren daher keine schlechten Partien. Dass man in Bayern mit Geliebten und ihren Kindern noch selbstverständlicher bzw. im Unterschied zum Wiener Hof ganz öffentlich umging, fiel auch Hugo Weckbecker, dem Flügeladjutanten des Kaisers, auf, der in seinem unpublizierten Tagebuch über einen Besuch am Münchner Hof 1853 folgendes berichtet: „Ich konnte am bayerischen Hofe beobachten, wie sehr der dortige Brauch von der strengen Wiener Hofetikette abstach. Die Königin stellte mich ganz sans facon ihren Gästen vor, unter anderen ihren zwei

Fühlte sich von Franz Joseph vernachlässigt und wollte aus dem strengen Hofleben ausbrechen: Kaiserin Elisabeth. Foto von Ludwig Angerer, 1860.

‚Kusinen', wie sie ausdrücklich sagte, einer Gräfin Drexel und einer Baronin Auffenberg, die beide Töchter des Prinzen Karl und einer Tänzerin waren, vom Königshause aber ganz als zur Familie gehörig betrachtet wurden."[72]

... Flucht nach Bayern?

Das Szenario ist bekannt: Elisabeth ertrug die Zustände am rigiden Wiener Hof nicht mehr und floh verzweifelt und entnervt von der Bevormundung durch ihre Schwiegermutter, die kein gutes Haar an ihr ließ, und ihrem Mann, der zu seiner Mutter statt zu seiner jungen Frau hielt, überstürzt zu ihrer Familie nach Bayern. Fand diese Flucht tatsächlich statt oder war sie eine Erfindung des „Sissi"-Filmregisseurs?

Kaiser Franz Joseph befand sich zur fraglichen Zeit im Juni 1855 auf einer längeren Reise durch Galizien, Sisi fühlte sich einsam und vermisste ihren Mann. Franz Joseph überredete seine Frau schließlich, zu ihrer Familie nach Possenhofen zu fahren, um sich abzulenken. Elisabeth wollte ursprünglich nicht wegfahren, da sie sich nicht von ihrer kleinen Tochter trennen wollte. Erzherzogin Sophie schrieb im Juni 1855 an ihren Sohn Ferdinand Max: „Sisi wollte nicht nach Baiern, da es ihr schwer wird, ihr Kind zu verlassen, der Kaiser bestand aber darauf, da er glaubt :/ ich gestehe, ich bin auch überzeugt /: daß Luftwechsel u. zumal die heimathliche Luft ihr sehr gut thun werden ..."[73] In Bayern angekommen, schrieb Elisabeths Mutter an ihre Schwester in Wien „... daß Sisi nicht lange bei ihr aushält aus Sehnsucht nach Mann und Kind."[74]Als Elisabeth schließlich wieder nach Wien zurückkehrte, schrieb Sophie an Max: „Von hier kann ich Dir nicht viel intéressantes melden, außer daß Sisi glücklich am Montag Abend aus Baiern zurück gekehrt, wo sie es nicht über 9 Tage aushielt, fern von ihrer Kleinen, und so weit entfernt vom Kaiser, dessen Briefe (aus Galizien) so spät

nach Possenhofen kamen."[75] Das Wiedersehen des jungen Paares fand eine Woche später statt. „Sisi erwartete ihn seit anderthalb Stunden auf dem Bahnhof, obwohl sie wußte, dass er nicht vor 7 Uhr kommen könne. Ludwig, den ich auf den Bahnhof geschickt, sage mir, daß Sisi's ganzer Körper vor Freude bebte, als sie den Zug, der den Kaiser brachte. ... Sisi schöner noch wie gewöhnlich, durch den Ausdruck strahlenden Glückes auf ihrem lieblichen Gesicht ..."[76] Sisi vermisste also ihren Mann und versuchte sich bei ihrer Familie abzulenken – von einem Zerwürfnis kann jedoch keine Rede sein.
Die Briefe der Erzherzogin Sophie entlarven diese melodramatische Geschichte eindeutig als Legende – bzw. dramaturgischen Einfall Ernst Marischkas, der diese Geschichte für seinen weltberühmten „Sissi"-Film erfand.

... schwer lungenkrank?

Verließ Elisabeth im Jahr 1860 den Wiener Hof tatsächlich auf Grund einer schweren Lungenerkrankung oder gab es andere Hintergründe für diese „Flucht vom Wiener Hof"?

Elisabeth hatte in den ersten vier Jahren ihrer Ehe drei Kinder zur Welt gebracht, die älteste Tochter verloren, die Geburt des Kronprinzen war äußerst schwierig verlaufen und sie erholte sich nur langsam. Sie fühlte sich von Franz Joseph, der sich in erster Linie seinen Regierungsgeschäften widmete, im Stich gelassen und wollte nur weit weg vom Wiener Hof – da bot eine Krankheit einen willkommenen Grund für eine längere Abwesenheit. Doch ob Elisabeth tatsächlich ernsthaft erkrankte bzw. an welcher Krankheit sie wirklich litt, lässt sich heute nicht mehr eindeutig nachvollziehen. Auch in den Hofrezeptbüchern

Nächste Doppelseite: Das umjubelte Traumpaar in idealisierender Darstellung: Franz Joseph und Elisabeth. Populärer Druck, 1854.

gibt es keine Eintragungen, die Rückschlüsse zulassen würden. Die Kaiserin hustete zwar, aber von einer schweren Lungenerkrankung war zumindest von ärztlicher Seite zunächst keine Rede. Dennoch wurde von dem Lungenspezialisten Dr. Skoda ein Kuraufenthalt empfohlen. So schrieb Erzherzogin Sophie an Max: „Skoda hat die Lunge ganz frei gefunden, nur eine kleine Schleimschwellung am Kehlkopf ... Sisi soll viel weinen, u. der nahe Abschied ihr sehr schwer werden, ein unerklärl. Rätsel. Die armen Kinder verlieren viel an ihrem wohltuenden Einfluß ...“[77] Auch alle übrigen Verwandten zeigten sich von dem notwendigen Kuraufenthalt überrascht, da Elisabeth auf sie nicht ernsthaft krank wirkte. So schrieb Erzherzogin Therese, die Tochter Erzherzog Albrechts, an ihren Vater: „Gestern war Tante Marie bei der Kaiserin; sie nahm ein großes Sacktuch mit, weil sie glaubte, viel zu weinen; indessen war die Kaiserin ganz lustig, sie freut sich unendlich, nach Madeira zu gehen.“[78] Elisabeth machte noch Besuche und wurde auch nicht von ihrer Familie getrennt, um sie vor Ansteckung zu schützen. Gegen eine ernsthafte Erkrankung spricht aber vor allem, dass Franz Joseph nicht nur einen Tag, bevor offiziell bekannt gegeben wurde, dass die Kaiserin demnächst zu einem Kuraufenthalt abreisen werde, am 30. Oktober, nach Ischl zur Jagd fuhr, sondern seinen Aufenthalt noch verlängerte und erst am 7. November nach Wien zurückkehrte.

Auch in den Zeitungen wurde nun vermeldet, die Kaiserin reise über den Winter nach Madeira, um ihren hartnäckigen Husten zu kurieren. Um die lange Abwesenheit zu rechtfertigen, war immer wieder von „Lungenaffectation“ die Rede – bald wurde daraus Lungenschwindsucht oder Tuberkulose –, eine damals weit verbreitete und noch nicht medikamentös heilbare Krankheit, die auch die „Wiener Krankheit“ genannt wurde. Vor allem Frauen waren dafür anfällig, da sich das Tragen des damals üblichen Korsetts äußerst negativ auf die Lungen auswirkte und die Atemkapazität um ca. ein Drittel reduzierte,

Elisabeth kurz vor ihrer Hochzeit am Ufer des Starnberger Sees. Der aus Rosen geflochtene Kranz war ein Geschenk ihrer Tante und Schwiegermutter Erzherzogin Sophie zu ihrem 16. Geburtstag am 24. Dezember 1853. Lithographie von Eduard Kaiser, 1853/54.

Elisabeth im Winter 1860/61 auf Madeira mit ihren Hofdamen Caroline „Lily" Hunyadi, Prinzessin Windischgraetz und Fürstin Helene Thurn und Taxis.

womit kein vollständiger Luftaustausch mehr möglich war, was die Anfälligkeit für Erkrankungen wesentlich erhöhte. Lungenerkrankungen betrafen Frauen aller Schichten; auch zahlreiche Mitglieder der kaiserlichen Familie litten daran, und für einige von ihnen verlief die Krankheit auch tödlich. Von den Hofärz-

ten wurden Aufenthalte am Meer empfohlen, da das Einatmen jodhaltiger Meeresluft desinfizierend und somit heilend wirke. Zur generellen Stärkung gehörte auch kräftigendes Essen, vor allem vermehrter Fleischkonsum sowie (maßvoller) Bierkonsum, der geschwächte Kranke „aufpäppeln" sollte. Dass Franz Joseph in einem Brief aus dieser Zeit an seine Mutter berichtete, dass Elisabeth weniger huste, viel Fleisch esse und Bier trinke, spricht dafür, dass man bei Hof offenbar tatsächlich von einer Lungenerkrankung ausging – oder sie offiziell vorschob.
Dieser Brief spricht jedoch auch gegen bereits damals verbreitete Gerüchte über eine venerische Erkrankung der Kaiserin, mit der Franz Joseph sie angeblich angesteckt haben soll. Angeblich hätten Zwistigkeiten der Eheleute (Elisabeths Vorwürfe, der Kaiser kümmere sich zu wenig um sie; das schwierige Verhältnis zwischen Erzherzogin Sophie, zu der er Zeit seines Lebens absolut loyal stand; und Elisabeth, die von ihrer Rolle als Kaiserin eine andere Vorstellung hatte als ihre Schwiegermutter) Franz Joseph in die Arme einer polnischen Gräfin getrieben, und der Kaiser hätte seine Frau mit einer Geschlechtskrankheit infiziert. In den Rezeptbüchern der Hofapotheke , aus denen alle Krankheiten der Mitglieder der kaiserlichen Familie hervorgehen (auch venerische von Gonorrhö bis zu Syphilis), finden sich jedoch keine Behandlungen Franz Josephs gegen Gonorrhö. Elisabeth wurden Medikamente gegen Verdauungsbeschwerden, Blutarmut und Husten verabreicht – niemals jedoch gegen eine venerische Erkrankung. Cannabis, das Elisabeth gegen ihren Husten verabreicht wurde, war damals ein weit verbreitetes harmloses Hustenmittel, das viele Jahre später auch Erzherzogin Marie Valerie immer wieder verschrieben wurde. Cannabis indica wurde im 19. Jahrhundert in der Medizin in erster Linie bei der Behandlung von Appetitlosigkeit sowie Nervenleiden, aber auch bei Husten eingesetzt. Eine Verschreibung von Cannabis gegen Husten war am Wiener Hof, an dem bevorzugt das wesentlich stärkere Codein verab-

reicht wurde, selten und hängt vielleicht mit seiner appetitanregenden Wirkung zusammen. Zudem hatte Elisabeth generell eine Vorliebe für „Naturheilmittel", und Cannabis wurde vor allem von Homöopathen empfohlen. Elisabeth hatte Zeit ihres Lebens eine eher misstrauische bis ablehnende Einstellung Ärzten und ihren Verschreibungen gegenüber und bevorzugte „natürliche" Heilmethoden. Cannabis wurde jedenfalls damals nicht, wie manchmal behauptet, gegen Tripperinfektionen verschrieben, weshalb auch die Vermutung einer Infektion der Kaiserin mit einer Geschlechtskrankheit nicht zutreffend ist. Elisabeths Entschluss, nach Madeira zu reisen, hatte vermutlich zwei Gründe. Erstens war es von allen möglichen Kurzielen das von Wien am weitesten entfernte, womit auch keine Besuche aus Wien zu erwarten waren. Vor allem aber hatte Elisabeths Schwager Erzherzog Ferdinand Max, der jüngere Bruder Franz Josephs und spätere Kaiser von Mexiko, kurz zuvor Madeira bereist und begeistert von der blühenden Atlantikinsel geschwärmt. Schon bei der Anreise machte Elisabeth auf niemanden einen kranken Eindruck – im Gegenteil, je weiter sie sich von Wien entfernte, desto munterer wurde sie. Gesellschaftliches Leben gab es zwar keines, doch als eines Tages ein russisches Kriegsschiff auf Madeira anlegte, war Elisabeth über die Abwechslung dankbar und lud die Offiziere zu einem Diner mit anschließendem Tanz ein. Der Admiral erzählte später, dass sich jeder der eingeladenen Offiziere in die junge Kaiserin verliebte hätte. Elisabeth gewann zunehmend an Selbstvertrauen und blühte auf. Sie wurde sich ihrer Ausstrahlung bewusst, ihre anfangs melancholische Stimmung verschwand, und sie begann ihr unabhängiges Leben zu genießen. Bereits einen Monat nach ihrer Ankunft wurde nach Wien berichtet, dass Elisabeth wieder sehr gut aussehe und kaum mehr huste. Als nun nach einigen Monaten im Juni die Entscheidung anstand, nach Wien zurückzukehren, erreichten überraschende Neuigkeiten den Wiener Hof: „Eine schreckliche Aufregung entstand, als Professor Skoda am 15. Juni die Kaiserin untersuchte und angeblich Tuberkeln in der Lunge feststellte … Jetzt rät er, die Kaiserin nach Korfu zu schicken … der auch zugezogene Arzt der bayerischen Familie Dr. Fischer ist nicht so beunruhigt und mit Skodas panikerzeugender Krankheitsbestimmung n i c h t einverstanden. Er sieht keinesfalls so schwarz und fürchte eher die Wirkung der Hitze von Korfu“[79], schrieb Sophie an Max und kurz darauf: „Skoda sagt, daß Sisi zumindest ein Jahr wegbleiben muß.“[80] Die Vermutung, dass Elisabeth nicht noch ein Jahr Wien fernbleiben musste, sondern wollte, liegt nahe. Doch nach sieben Monaten auf Madeira wurde sie unruhig – obwohl nicht genau festzustellen ist, ob sie Heimweh nach ihrem Mann und ihren Kindern oder eher Fernweh hatte. Bei ihrer Abreise aus Madeira im April 1861 schrieb sie an den Generaladjutanten des Kaisers Graf Grünne, einen ihrer wenigen Vertrauten in Wien: „Überhaupt möchte ich immer weiter, jedes Schiff, das ich wegfahren sehe, gibt mir die größte Lust, darauf zu sein, ob es nach Brasilien, nach Afrika oder ans Kap geht, es ist mir einerlei, nur nicht so lang auf einem Fleck sitzen …“[181] – Womit sie bereits ihr künftiges Lebensmotto definiert hatte. So ging es von Madeira aus über Spanien, Cádiz und Sevilla, nach Korfu. Franz Joseph, der sie schon sehnsüchtig erwartete, fuhr ihr schließlich entgegen und nach einigen gemeinsamen Tagen auf Schloss Miramare bei Triest ging es zurück nach Wien. Doch bereits nach wenigen Tagen war alles wie gehabt. Elisabeth fühlte sich elender und kränker als je zuvor und reiste wieder nach Korfu, wo sie den Sommer verbrachte und danach den Winter über nach Venedig, wo sie auch nach langer Zeit wieder ihre Kinder für ein paar Wochen bei sich hatte. Alles in allem war Elisabeth schließlich beinahe zwei Jahre fern vom Wiener Hof und seinem Einfluss gewesen und kehrte als selbstbewusste Frau zurück. Von nun an begann sie ihr Leben selbst zu bestimmen und ein Leben zu führen, das ausschließlich ihren Vorstellungen entsprach.

… ihren Kindern entfremdet?

Hatte Elisabeth zu ihren Kindern ein herzliches Verhältnis oder waren sie ihr wirklich entfremdet?

Elisabeth hatte während ihrer beinahe zweijährigen Abwesenheit vom Wiener Hof nur brieflichen Kontakt zu ihren Kindern. Im Jahre 1860 schrieb sie aus Madeira: „Mein lieber Rudolf, Ich habe gehört, Du warst ja ganz bös, daß ich Dir nicht auch geschrieben habe. Ich habe gedacht Du wärst zu klein, um das zu verstehn, aber Du bist ja jetzt auch schon ganz vernünftig, ich werde Dir recht viele und schöne Spielsachen mitbringen. Erinnerst Du Dich denn ein wenig an mich? Es küsst Dich innigst und von ganzem Herzen, mein liebes Bubi Deine Mama."[82] Dem Brief war eine Episode vorausgegangen, die zeigt, dass Rudolf ein äußerst aufgewecktes Kind war. Elisabeth hatte nur an Gisela geschrieben, was den zweieinhalbjährigen Rudolf offenbar sehr kränkte. Großmutter Sophie schilderte die Szene in einem Brief an ihren Sohn: „Gisela bekam auch einen Brief von ihrer Mutter; Rudolph war ganz erbost, dass er keinen bekam u. warf tief entrüstet ein weißes Blatt auf den Boden, das man naiverweise ihm zu Entschädigung gegeben."[83]

Wie sehr Elisabeth ihren Kindern nach der langen Zeit entfremdet war, zeigt ein recht unbeholfener Brief, den sie ihrem Sohn im Juli 1861 aus Korfu schrieb: „Lieber Rudolf, eben habe ich der guten Gisella einen langen Brief geschrieben, so daß mir nichts zu erzählen übrig bleibt. Jetzt reitest du also schon, und sollst so schön grad oben sitzen. Ich danke Dir auch für die schönen Alpenrosen, die lang in meinem Zimmer gestanden sind. Ich schicke Dir englische Bleisoldaten zum Aufstellen, wenn es regnet und Du im Zimmer bleibst. Graf Grünne (Generaladjutant des Kaisers) wartet, darum schließe ich schnell und umarme Dich innigst Deine Mama."[84]

Von ihrer Mutter beinahe zwei Jahre lang getrennt: Erzherzogin Gisela und Kronprinz Rudolf. Foto von Ludwig Angerer, um 1860.

Rudolf entwickelte in dieser Zeit ein ausgesprochen enges Verhältnis zu seinem Vater, der sich ausnahmsweise viel Zeit für die Kinder nahm. Der Kronprinz himmelte ihn an und wollte nur in seiner Nähe sein. Während Gisela ihre Mutter schmerzlich vermisste, war Rudolf ganz auf seinen Vater fixiert: „...die wehmütige Sehnsucht nach ihrer Mutter, die wie Welden sagt, ihr stets im Herzen sitzt. Der Kleine hingegen möchte stets bei seinem Vater sein u. verlangte immer nach Laxenburg zu ihm."[85]

Als Rudolf seine Mutter nach über einem Jahr in Venedig wiedersah, konnte er sich im Gegensatz zu Gisela kaum noch an sie erinnern. Die mitgereiste Obersthofmeisterin Sophie Gräfin Esterházy berichtete nach Wien: „Der arme Kronprinz ... seufzte auch öfters nach seiner Kinderfrau. Es war ihm überall ganz unbehaglich, und er tat mir sogar den Kummer an, zu weinen und sich an mich zu klammern, wenn die Majestät (Kaiserin Elisabeth) ihn zu sich holen wollte ..."[86]

Seine größte Freude war, als Franz Joseph im Dezember auf Besuch kam. Der Kaiser versuchte offenbar die Situation zu entschärfen, indem er den kleinen Rudolf bat, sich seiner Mutter zuliebe zusammenzunehmen. Esterházy berichtete Erzherzogin Sophie in Wien: „Der Kronprinz sagte uns, er hätte dem Papa versprochen, nicht mehr zu weinen, wenn die Maman ruft, und er hielt auch Wort, bis ein einziges Mal, wo er weinend immer wieder versicherte ‚eigentlich bin ich aber doch brav'..."[87]

Elisabeth hatte die Vorzüge des unbeschwerten Lebens abseits des Wiener Hofes entdeckt und begab sich – offiziell auf Grund ihres angegriffenen Gesundheitszustands – wieder auf ausgedehnte Reisen. Für die weitere Entwicklung ihrer Kinder zeigte sie kein besonderes Interesse. Dass Elisabeth schließlich generell ein distanziertes Verhältnis zu Kleinkindern entwickeln sollte und sich vor allem von Babys gestört fühlte, zeigt ein Brief an Rudolf aus dem Jahre 1867, in dem sie sich über die neugeborene Tochter ihrer Schwester Mathilde äußerte: „Jetzt fängt der Säugling so zum Schreien an, daß ich nicht weiterschreiben kann. Im großen und ganzen ist er nicht so ekelhaft wie sonst solche Kinder, und er stinkt nur ganz von der Nähe ..."[88]

Ausgerechnet Sophie bemühte sich immer wieder, den Kontakt zwischen Elisabeth und ihren Kindern zu fördern und betonte stets den positiven Einfluss, den Elisabeth auf ihre Kinder hatte. So schilderte Sophie den ersten Weihnachtsabend, den die gesamte Familie nach drei Jahren erstmals wieder feierte, folgendermaßen:

„Um 7 Uhr ist die Bescherung bei Sisi, einer ihrer großen Momente, da sie sehr gerne u. sehr großmüthig giebt u. alles geschmackvoll anordnet ... Der Abend war wieder recht beglückend, die Kinder zu lieb unten bei ihren Eltern zuerst in freudiger kindlicher Erwartung u. dann so wohlthuend durch ihre innige Freude, Gisela recht mädchenhaft still geschäftig, sich freuend, Rudolph lebhaft u. munter; bald blies er auf- und abgehend ein Waldhorn, bald eine Trompete und eine Burgpfeife, bald trommelte er, einen Turban auf dem Kopf, den er zwei mal gehorsam abnahm, wenn ihn der gute Großpapa dazu ermahnte, da er schon ganz im Schweiß war. Immer rief er seinen Vater, ihm bei diesem u. jenem zu helfen, u. stets hatte er an ihm seine Freude u. sein Interesse. Gar zu rührend u. wohlthuend ist das Verhältnis zwischen Vater u. Sohn u. sehr erfreul. der Einfluß beider Eltern auf die Kinder ...“[89]

Elisabeth bemühte sich jedoch nicht, die Beziehung zu ihren Kindern wieder zu vertiefen und überließ sie gänzlich der Obhut der Kinderfrauen „Wowo“ und „Nono“ sowie ihrer Schwiegermutter, die demnach zu einer Ersatzmutter für die Kinder wurde. Elisabeth hatte ab diesem Zeitpunkt ein äußerst distanziertes Verhältnis zu ihren ersten beiden Kindern – erst bei ihrer jüngsten Tochter, der 1868 geborenen Marie Valerie holte sie schließlich alles nach und bevorzugte sie nicht nur, sondern nannte sie auch ihre „Einzige“. Vor allem ihr angebliches Naheverhältnis zu ihrem Sohn Rudolf lässt sich nicht bestätigen – im Gegenteil. Rudolf verachtete den exzentrischen Lebensstil seiner Mutter und Elisabeth war ihr Sohn fremd. Marie Larisch meinte dazu: „So traurig es ist, muß ich berichten, dass Mutter und Sohn sich nicht leiden konnten. Die Kaiserin sagte oft, daß sie Rudolfs Mutter nur durch Zufall sei.

Kaiserin Elisabeth anlässlich ihrer Krönung zur Königin von Ungarn 1867. Foto von Emil Rabending.

Alles, was man über ihre große Liebe zu ihm geschrieben hat, ist vollständig erfunden."[90]

Die lange Trennung Elisabeths von ihren Kindern in den Jahren 1860/61 hatte eine Entfremdung mit sich gebracht, die sie nie mehr versuchte rückgängig zu machen. Das distanzierte Verhältnis zu ihren älteren beiden Kindern blieb Zeit ihres Lebens bestehen.

... Kämpferin für Ungarn?

Setzte sich Elisabeth tatsächlich so vehement für Ungarn ein und blieb dem Land ein Leben lang verbunden?

Elisabeth empfand von Beginn an große Zuneigung für das temperamentvolle und stolze ungarische Volk, das seit der Niederschlagung der Revolution im Jahre 1849 absolutistisch regiert wurde. Franz Josephs Thronbesteigung im Jahre 1848 hatte einen Sieg der monarchisch-konservativen Kräfte und den Beginn einer neoabsolutistischen, reaktionären Politik bedeutet. Nur Ungarn hatte die Anerkennung des neuen Königs verweigert und die Republik ausgerufen. Erst mit Hilfe der Truppen des russischen Zaren konnte der Aufstand 1849 schließlich niedergeschlagen werden. Franz Joseph hatte dabei nicht nur die Anführer der ungarischen Aufständischen – in erster Linie Mitglieder des ungarischen Hochadels –, sondern sogar den ungarischen Ministerpräsidenten Ludwig Graf Batthyány hinrichten lassen und sich damit nicht nur in Ungarn viele Feinde gemacht. Bei einer Audienz im Jänner 1866, bei der Elisabeth offiziell nach Ungarn eingeladen wurde, lernte die Kaiserin Gyula Andrássy kennen. Über ihre ungarische Vorleserin und wichtigste Vertraute bei Hof, Ida Ferenczy, hatte sie schon sehr viel über ihn erfahren, und er war seinerseits davon beeindruckt, dass sie mit ihm fehlerlos Ungarisch sprach. Elisabeth wurde von dieser Zeit an zu einer glühenden Fürsprecherin der ungarischen Interessen und damit zur großen Hoffnung der führenden ungarischen Vertreter, die zum ersten Mal seit langer Zeit zu einem Mitglied der kaiserlichen Familie Vertrauen fassten. Aber auch der Wiener Hof erkannte diese Chance, und so wurde Elisabeth ganz bewusst nach Budapest entsandt, um dort die Sympathien der Ungarn zu erlangen, während in Wien erste Verhandlungen für einen Ausgleich stattfanden. Der Wiener Hof wusste nur zu genau, dass die tiefen Gräben noch bestanden, die durch die Todesurteile von 1849 aufgerissen worden waren. Franz Joseph hatte diese gleich nach seinem Regierungsantritt im Zuge der Revolution unterzeichnet und konnte so zu keiner Integrationsfigur werden. Also schickte man Elisabeth, deren Schönheit und Liebreiz schon so viele Menschen bezaubert hatte. Ein einziges Mal trafen sich hier die Interessen der Kaiserin mit jenen des Wiener Hofes. Nach der Niederlage Österreichs gegen Preußen in Königgrätz hatte Österreich nicht nur seine Vormachtstellung in Deutschland verloren, sondern durch seine schwache Position auch wieder den Krisenherd Ungarn aktiviert. In dieser gespannten Situation reiste Elisabeth mit ihren Kindern nach Budapest, wo sie einerseits zwischen Deáks liberaler Partei, die gegen eine Loslösung Ungarns von Österreich war, und dem Kaiser vermittelte; gleichzeitig unterstützte sie mit ihrer Anwesenheit die Liberalen gegen die Anhänger des ungarischen Exilpolitikers Lájos Kossuth, der in dieser Situation die Chance für eine Loslösung Ungarns von Österreich witterte. Elisabeth schrieb tägliche Briefe an Franz Joseph, um ihn über die Stimmung zu informieren, warnte ihn vor der Gefahr einer neuerlichen Revolution in Ungarn und drängte ihn dazu, die Forderungen der Liberalen zu akzeptieren. Als Franz Joseph nicht reagierte, bat sie sogar den ungarischen Hofkanzler in Wien, Georg Mailáth, um seine Hilfe: „Vor allem eine Bitte, seien Sie mein Stellvertreter beim Kaiser, übernehmen Sie mein Amt, dem Kaiser die Augen zu öffnen über die Gefahr, in die er sich unwiederbringlich stürzt, wenn er noch immer keine

Konzessionen an Ungarn machen will. Seien Sie unser Retter, darum beschwöre ich Sie jetzt im Namen unseres armen Vaterlandes und meines Sohnes und zähle dabei auch auf die Freundschaft, die Sie, wie ich mir vielleicht einbilde, doch ein wenig für mich fühlen. Das Zugeständnis, zu dem ich den Kaiser zu bewegen trachte, das er mir aber leider noch nicht machte, ist, die jetzigen Regierungsmänner zu entfernen und als Minister des Äußeren Gyula Andrássy zu ernennen ... seine Popularität im Lande würde beruhigend und vertrauenerweckend wirken ... Ist der Kaiser dazu durchaus nicht zu bewegen, so sollte er wenigstens Andrássy zum Minister Ungarns machen..."[91] Sie hielt engen Kontakt zu Deák und Andrássy und berichtete nach einem Treffen mit Letzterem dem Kaiser: „Er sprach seine Ansichten klar und deutlich aus. Ich habe sie verstanden und die Überzeugung gewonnen, daß, wenn Du ihm vertraust, aber ganz, so sind wir, und nicht Ungarn allein, sondern die Monarchie, noch zu retten. Du musst aber jedenfalls selbst mit ihm reden, und zwar gleich, denn jeder Tag kann die Verhältnisse so gestalten, daß er es am Ende gar nicht mehr übernehmen würde; in so einem Moment gehört auch wirklich viel Aufopferung dazu, es zu tun, denn diese Versicherung kann ich Dir geben, Du hast keinen Mann vor Dir, der um jeden Preis eine Rolle spielen will, nach einer Position hascht, im Gegenteil, er stellt eher seine jetzige Stellung, die eine schöne ist, aufs Spiel. Aber wie jeder Ehrenmann, ist auch er bereit, in dem Moment, wo der Staat dem Schiffbruch nahe ist, alles, was in seiner Macht steht, zur Rettung beizutragen; was er hat, seinen Verstand, seinen Einfluss im Land wird er Dir zu Füßen legen. Zum letzten Mal bitte ich Dich im Namen Rudolfs, versäume diesen Moment nicht ..."[92] Gegen den Rat seiner Mutter und seiner Minister gab der Kaiser nach, und am 17. Juli kam Gyula Andrássy zu einem Gespräch zum Kaiser. Am 19. Juli folgte Deák – damit war der Anfang gemacht. Elisabeth hatte damit zweifellos großen Anteil daran, dass Franz Joseph schließlich den

Ausgleich unterzeichnete, der die historischen Rechte Ungarns anerkannte und die österreichisch-ungarische Doppelmonarchie begründete. Man darf aber ihre Rolle auch nicht überbewerten – die Entscheidungen traf Franz Joseph, und ohne ihn hätte es den Ausgleich niemals gegeben.

Im Juni 1867 fand schließlich in der Budapester Matthiaskirche die feierliche Krönung statt, bei der auch Elisabeth zur ungarischen Königin gekrönt wurde. Zeit ihres Lebens verehrten die Ungarn Elisabeth als ihre Königin, sie vertrauten ihr bedingungslos und machten sie schon zu Lebzeiten zur Kultfigur. Die Ungarn waren von ihrer neuen Königin begeistert.

Über viele Jahre hielt sich Elisabeth bevorzugt in Ungarn auf, umgab sich vor allem mit Ungarn, sprach schließlich mehr Ungarisch als Deutsch und erledigte auch den Großteil ihrer Korrespondenz auf Ungarisch. Doch dieser für sie auch persönliche Triumph motivierte Elisabeth nicht, ihr politisches und diplomatisches Talent auch weiterhin zu nutzen. Elisabeth hatte bewiesen, dass sie Menschen völlig unterschiedlicher Überzeugungen zusammenbringen konnte. Sie hatte Zähigkeit und Durchsetzungswillen, gepaart mit dem geschickten Einsatz ihres Charmes unter Beweis gestellt. Doch hatte sie diesen für Ungarn so wichtigen und entscheidenden Einfluss auf den Kaiser allein dafür eingesetzt, um ihre persönlichen Interessen zu verwirklichen. Einige Zeit lang spielte die Königin in Ungarn insofern eine zentrale politische Rolle, als die Ungarn – allen voran Gyula Andrássy, der zum ungarischen Ministerpräsidenten und später zum Außenminister ernannt wurde – ihren Einfluss auf den Kaiser nicht nur erkannten, sondern natürlich auch nutzten. Elisabeth ließ sich über einige Jahre bereitwillig dafür einspannen, ungarische Interessen dem Kaiser direkt vorzubringen – die so natürlich von ihm ganz anders beurteilt wurden, als wenn sie über den offiziellen politischen Weg zu ihm gelangt wären. Doch Elisabeth war kein politischer Mensch. Sie wollte keine Visionen umsetzen oder politische Veränderungen

Kaiserin Elisabeth. Porträt von Anton Einsle, um 1858

Seite 121: Elisabeth in Galarobe.
Gemälde von Franz Xaver Winterhalter, 1865

Seite 122/123: Toilette- und Turnzimmer der Kaiserin in der Hofburg. Hier wurde sie an ihrem Toilettetisch jeden Morgen zwei bis drei Stunden frisiert; auf der Sprossenwand, dem Hochreck und den im Türdurchgang montierten Ringen absolvierte sie ihr tägliches Turnprogramm.

herbeiführen. Nach und nach verlor sie auch an der ungarischen Politik das Interesse und wandte sich wieder ihren persönlichen Vorlieben zu. Auch die Bitten und das Drängen ihr nahe stehender Personen, ihren so großen Einfluss zu nutzen, konnten sie nicht umstimmen. Sie sah sich nicht als Monarchin, die ihrem Volk dient oder eine Aufgabe erfüllt, die anderen zugute kommt.

Elisabeth gab schließlich alle polischen Interventionen auf. Nicht einmal die ungarische Politik interessierte sie mehr und es war ihr kein Anliegen mehr, den Kaiser zu beraten bzw. ihn zu beeinflussen. Sogar ihr engstes Umfeld traute sich nicht mehr, Anfragen und Bitten an sie heranzutragen und sahen sich mit der schwierigen und undankbaren Situation konfrontiert, diejenigen, die so viel Hoffnung in sie gesetzt hatten, bitter zu enttäuschen.

… Verhältnis mit Gyula Andrássy?

Sind sich Elisabeth und Gyula Andrássy tatsächlich näher gekommen oder ist auch das nur eine romantische Erfindung Ernst Marischkas?

Die bekannte Korrespondenz und Zeitzeugen sprechen dagegen, dass es zwischen Elisabeth und dem Grafen zu einer Romanze gekommen ist. Es entspricht zwar den Tatsachen, dass Elisabeth engen Kontakt zu Andrássy pflegte, dieser scheint jedoch in erster Linie an ihr als Vermittlerin seiner politischen Interessen interessiert gewesen zu sein. Aus der Korrespondenz mit der Kaiserin bzw. Königin geht hervor, dass er ihr ein guter Freund und Berater war, gleichzeitig lässt der Briefwechsel zwischen ihm und seiner Frau darauf schließen, dass die beiden eine sehr leidenschaftliche und glückliche Ehe führten. Und Elisabeth selbst sagte zu diesem Thema einmal: „Ja das war eine treue Freundschaft, und sie war nicht durch Liebe vergiftet.“[93]

Auch Marie Larisch erinnerte sich in ihren Memoiren, dass es schon zu Lebezeiten Elisabeths Gerüchte um ein angebliches Verhältnis der beiden gegeben hatte. Doch „Gyula Andrássy, den böse Zungen und blöder Tratsch vielfach fälschlich in andere Beziehungen zu der schönen Monarchin bringen wollten, war ihr ergebenster Freund und treuester Ratgeber.“[94]

... Flirt mit dem Reitlehrer?

Hatte die Kaiserin, wie von ihrer Schwester und Nichte behauptet, eine Romanze mit Bay Middleton?

Elisabeth galt als eine der besten Reiterinnen Europas und unternahm viele Jahre lang ausgedehnte und äußerst kostspielige Reitaufenthalte in Frankreich, England und Irland. Bei ihrem Reitaufenthalt in England im Jahre 1874 wurde ihr als Pilot, der die Funktion des Reitführers und -lehrers hatte, einer der besten Reiter Englands, der schottische Offizier William George „Bay“ Middleton zur Seite gestellt. Middleton, der anfangs wenig begeistert war, auf eine Kaiserin aufpassen zu müssen, war bald von dem Mut und der Ausdauer Elisabeths beeindruckt, und mit seiner Hilfe gelang es ihr, bei Jagdrennen von manchmal bis zu hundert Reitern, bei denen meist nur eine Handvoll durchkamen, als einzige Frau das Ziel zu erreichen. Man lobte ihre gute Hand, ihren Sitz, ihren Mut und nicht zuletzt ihre für Damen unübliche Kondition – Ergebnis ihres jahrelangen Trainings. Mit Hilfe Bay Middletons begann Elisabeth auch erstklassige und äußerst kostspielige Pferde für ihre Privatstallungen zu kaufen. Da sie nun viel Zeit mit Middleton verbrachte, kamen Gerüchte um ein angebliches zu nahes Verhältnis der beiden auf. Auslöser war ausgerechnet Elisabeths Schwester Marie, die mehrere Reitaufenthalte gemeinsam mit der Kaiserin verbrachte. Elisabeths Hofdamen berichteten später, Marie wäre nur eifersüchtig gewesen, da Bay Middleton abgelehnt hatte, ihr Pilot zu sein. Elisabeth war jedenfalls empört und brach den letzten ihrer Reitaufenthalte in Irland verfrüht ab. Auch Marie Larisch deutete in ihren Memoiren eine Romanze der beiden an, indem sie erzählte, eines Tages bei der Abreise Middletons ihre Tante darüber verzweifelt und in Tränen aufgelöst vorgefunden zu haben.[95] Dabei sollte jedoch nicht übersehen werden, dass Marie Larisch ihre Memoiren bekanntlich zu einem Zeitpunkt schrieb, als sie im Zuge des Todes des Kronprinzen, in den sie verwickelt war, vom Hof verbannt wurde und kein gutes Verhältnis mehr zu Elisabeth hatte. Ob sich tatsächlich eine Romanze zwischen Middleton und der Kaiserin angebahnt hatte, ist jedenfalls nicht festzustellen.

Elisabeth scheint jedoch grundsätzlich keine besonders leidenschaftliche Frau gewesen zu sein. Sie war sehr auf ihre hoheitsvolle, erhabene und geheimnisvolle Erscheinung bedacht, wahrte daher stets Distanz und pflegte so ihre mysteriöse Aura. Als einzigen Makel nannten ihr nahestehende Personen ihre Eitelkeit, der sich die Kaiserin jedoch völlig bewusst war und zu der sie stand. Elisabeth

Captain William George „Bay" Middleton, Parforcereiter und Reitführer der Kaiserin Elisabeth bei ihren Reitaufenthalten in England und Irland.

wollte bewundert und verehrt werden; dass sich daraus jedoch reale Liebesverhältnisse ergaben, ist eher unwahrscheinlich. Ihr einziger bekannter Flirt – den sie auch in ihren Gedichten verewigte – blieb jedenfalls rein platonisch. Elisabeth ging es offenbar eher um Selbstbestätigung als um romantische oder leidenschaftliche Gefühle: So ging sie 1874 am Faschingsdienstag in Begleitung Ida Ferenczys als gelber Domino verkleidet auf die Rudolfinerredoute und lernte dort Friedrich List Pacher von Theinburg kennen.[96] Es entwickelte sich ein Gespräch aus dem ein kleiner Flirt wurde und „Gabriele", wie Elisabeth sich genannt hatte, schickte ihrer Ballbekanntschaft noch über Jahre einige Briefe – jedoch ohne jemals ihre wahre Identität preiszugeben. Pacher antwortete ihr auch einige Male. Der Kontakt brach schließlich endgültig ab, als er „Gabriele" über zehn Jahre nach dem Ballflirt informierte, dass er nun kahlköpfig, aber glücklich verheiratet sei und eine Tochter habe. Marie Larisch meinte dazu: „Elisabeth war in die Liebe verliebt, weil sie ihr das Lebensfeuer bedeutete. Sie betrachtete die Sensation angebetet zu werden als einen Tribut, der ihrer Schönheit zukam."[97]

… Vorliebe für schöne Frauen?

Fühlte sich die Kaiserin eher zu Frauen hingezogen und legte sie deshalb auch ein Fotoalbum mit Fotografien schöner Frauen an?

Auch die immer wieder geäußerte Vermutung, Elisabeth hätte sich zu Frauen hingezogen gefühlt, hält einer näheren Betrachtung nicht stand. Dass sich Elisabeth gern mit jungen, schönen Frauen umgab, erklärt sich allein aus der Tatsache, dass sie als Kaiserin allein der Etikette folgend nur von Hofdamen und nicht von jungen Männern umgeben sein durfte. Dass sie, die auf Ästhetik und Schönheit großen Wert legte, sich gerne mit schönen Frauen umgab, ohne dass dahinter erotische Beweggründe standen, ist auch nachvollziehbar. Dass ihre Hofdamen gleichaltrig bzw. in späteren Jahren ihre Reisebegleiterinnen jünger waren, lag allein daran, dass die bewegungsfreudige Kaiserin agile, körperlich belastbare Begleiterinnen benötigte, die mit ihr konditionell mithalten konnten. Auch ihr Schönheitenalbum, das sie sich anlegte und in dem sie Fotografien von in ihren Augen schönen Frauen sammelte – Hofdamen, europäische Fürstinnen, aber auch Damen aus der so genannten Halbwelt wie Tänzerinnen und Zirkusartistinnen – hatte keinen homoerotischen Hintergrund. Elisabeths Schönheitskult betraf nicht nur sie selbst, sondern sie war ganz allgemein von Schönheit fasziniert. Ein Blick in dieses Album zeigt jedoch, dass Elisabeth mehr von Ausstrahlung und natürlichen oder außergewöhnlichen Gesichtern fasziniert war und nicht von Schönheit im klassischen Sinn – und vor allem: unabhängig von Stand oder sozialer Herkunft. Zudem finden sich nicht nur junge Mädchen, sondern auch zahlreiche reife Frauen im Album – unter anderem eine alte Indianerin sowie „pikante" Schönheiten. Elisabeth sammelte die Fotografien nicht nur selbst, sondern bat auch ihr gesamtes Umfeld, sowohl ihre Familie als auch Gesandte und Diplomaten, ihr von ihren Reisen Fotografien schöner bzw. außergewöhnlicher Frauen mitzubringen.

… Schönheitskult?

Legte Elisabeth, die Repräsentation und öffentliche Auftritte hasste und keine Modepuppe sein wollte, tatsächlich so großen Wert auf ihr Äußeres und schlief sie mit rohem Kalbfleisch auf dem Gesicht, um schön und jung zu bleiben?

Als Elisabeth 1861 nach beinahe zwei Jahren an den Wiener Hof zurückgekehrt war, hatte sie eine tiefgreifende Wandlung vollzogen. Sie war sich ihrer Schönheit und Ausstrahlung be-

wusst geworden. Sie hatte die Macht der Schönheit erkannt und setzte sie künftig konsequent für ihre Interessen ein. Männer und Frauen ihrer Zeit schwärmten von der Kaiserin und waren vor allem von ihrer Anmut, ihrer Ausstrahlung und der geheimnisvollen Aura angezogen, die sie umgab. Auch der Schah von Persien, der 1873 nach Wien kam, war von ihr begeistert, nannte sie „eine Göttin", war vor allem von ihrem Lächeln fasziniert und meinte, sie wäre „la plus belle femme que j'ai jamais vu ... cette dignité – cette grace ...!"[98]
Doch ihre vielbewunderte Schönheit hatte ihren Preis. Elisabeths Schönheitspflege nahm einen Großteil ihres Tagesablaufes ein und um ihre Schönheit zu erhalten, verwendete sie zahlreiche Schönheitsmittel. Die Kaiserin hatte kein persönliches Geheimrezept, auf das sie schwor, sondern probierte immer wieder Neues aus. Die Pflegeprodukte wurden dabei entweder in der Hofapotheke oder von einer Kammerfrau direkt in ihrem Appartement frisch zubereitet. Elisabeth experimentierte dabei weniger mit ausgefallenen Cremen, sondern legte viel größeren Wert auf verschiedenste Waschwasser, Tinkturen und Lotionen, von denen sie sich offenbar größeren Erfolg zur Erhaltung ihrer Schönheit und Jugend versprach. Meist verwendete sie einfache Toilettecremen, die in der Hofapotheke hergestellt wurden. Dazu zählte in der kälteren Jahreszeit die bei vielen Damen des Hofes geschätzte Crème Céleste, die aus weißem Wachs, Walrat, süßem Mandelöl, und Glycerin bestand und eine besonders nahrhafte Pflegesalbe war. Im Sommer schätzte sie die so genannte Cold Creme aus weißem Wachs, Walrat, Mandel- oder Sesamöl sowie Rosenwasser, die ihren Namen ihrer erfrischenden Wirkung verdankt, da sie durch den wässrigen Anteil einen angenehm kühlenden Effekt auf der Haut hatte.
War Elisabeth auf Reisen, wurden die Pflegeprodukte in regelmäßigen Abständen – von zwei Tagen bis zwei Wochen – per Telegramm in der Hofapotheke in Wien bestellt und frisch

geliefert. Vor allem bei ihren Reitaufenthalten in England und Irland, ihren Seereisen im Mittelmeer oder bei Bergtouren in Tirol war sie der Sonneneinstrahlung verstärkt ausgesetzt. Daher traf sie strikte Vorkehrungen, um ja keine gebräunte Haut oder die gefürchteten und als entstellend geltenden Sommersprossen zu bekommen. Nur weißer Teint galt als schön – sonnengebräunte Haut war ein Schönheitsmakel, den man unbedingt vermeiden musste. So ging Elisabeth niemals ohne Sonnenschirm und Fächer ins Freie, im Sommer war das Gesicht zusätzlich durch Schleier geschützt. Bei Wanderungen und Spaziergängen führte sie außerdem stets Seidenpapier mit sich, mit dem sie sich das Gesicht abtupfte, da man damals annahm, dass Schweiß die Bildung von Sommersprossen begünstige. Bestellscheine der Hofapotheke aus den späten 1870er Jahren zeigen, dass Elisabeth in dieser Zeit darüber hinaus vor allem die „Neue Wilson Salbe" schätzte, eine mit Zink und Talk versetzte Cold Creme, die in erster Linie abdeckend wirkte. Da die Kaiserin diese Creme vor allem im Frühling und Sommer bestellte, nutzte sie die Wilson Salbe wohl als Sonnenschutz auf mineralischer Basis. Gleichzeitig hatte die weißliche Creme den Vorteil, eventuell unerwünscht gebräunte Haut blasser erscheinen zu lassen. Dennoch konnte es – vor allem bei Bergtouren – trotz aller „Sicherheitsvorkehrungen" passieren, dass sie einen Sonnenbrand bekam. Dieser wurde sofort mit so genanntem „Goulardi Wasser gegen aufgebrannte Haut" behandelt. Mit diesem aus Bleiessig und 70 Prozent Alkohol bestehenden „Wasser" wurden Umschläge gemacht, die die Rötung der verbrannten Haut minderte. Das Rezeptbuch Nr. 56 der Hofapotheke enthält dazu anlässlich eines Ischl-Aufenthaltes im Juni 1888 den ungläubigen bis entsetzten Vermerk des Apothekers, der das Goulardi Wasser auf „mündliches Verlangen" der Kaiserin anfertigte: „(!nach Bergparthie!)". Eine bergwandernde Kaiserin war eben außergewöhnlich.

Elisabeth schwor auch auf ausgefallene Methoden; dazu gehörten im Frühsommer Masken aus zerdrückten Erdbeeren. Durch den hohen Vitamin-C-Gehalt der frischen Erdbeeren wirkte diese Maske erfrischend, belebend und leicht straffend. Auf dieser Wirkung basieren auch aktuelle Hightech-Fruchtsäureprodukte. Ein weiteres ausgefallenes Schönheitsgeheimnis der Kaiserin waren mit rohem Kalbfleisch ausgelegte Ledergesichtsmasken, die sie über Nacht trug.[99] Rohes Kalbfleisch wirkt tatsächlich als Radikalfänger und verleiht der Haut jugendliche Frische. Zusätzlich schlief Elisabeth ohne Kopfpolster, um ihre aufrechte Haltung zu bewahren, und „fatschte" der Überlieferung nach ihren Hals mit in „Kummerfeld'sches tonisierendes Waschwasser" getränkten Tüchern.
Wesentlich mehr Zeit als der Gesichtpflege widmete die Kaiserin ihrer Körperpflege. Elisabeth badete täglich, wobei sich Dampf- mit Ölbädern und kalten Bädern abwechselten. Besonders gerne nahm sie warme Olivenölbäder, die die Haut zart und geschmeidig halten sollten. Elisabeth Lieblingsnichte Marie Wallersee, später verheiratete Larisch, die Tochter ihres älteren Bruders Ludwig und der Schauspielerin Henriette Mendel, die danach zur Baronin Wallersee erhoben wurde, notierte allerdings in ihrem Tagebuch, dass das Öl einmal fast „kochend" war, und Elisabeth nur „mit genauer Not dem furchtbaren Tode so mancher christlicher Märthyrer"[100] entging.
Im Gegensatz zu anderen Frauen ihrer Zeit lehnte die Kaiserin starke Schminke sowie Parfumierung strikt ab und bestellte viele Cremen auch „sin odore" – also geruchlos. Sie legte großen Wert auf Natürlichkeit und unterstrich nur dezent ihre Vorzüge – mit exklusiv für sie in der Hofapotheke hergestelltem „Lippenrot" sowie Puderrouge.
Besonders stolz war Elisabeth auf ihr dichtes, knielanges Haar, das täglich 2–3 Stunden frisiert wurde – galten Haare zu dieser Zeit doch als eines der wesentlichsten Schönheitsmerkmale einer Frau. Elisabeth nutzte die täglichen Frisierstunden zum

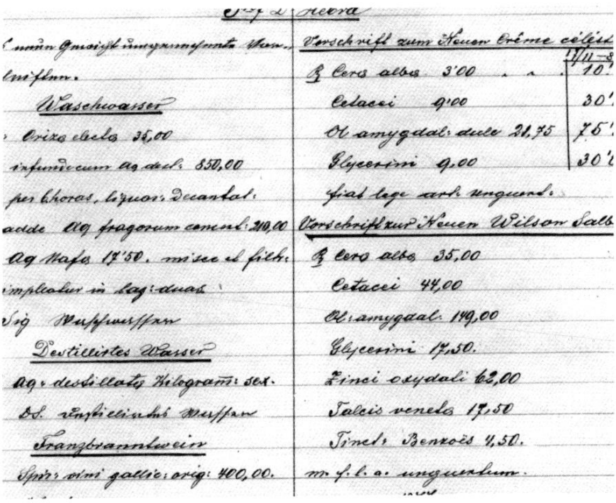

Waschwasser

Orizo decto 35,00

Spir. vini gallic. orig. 400,00.

Destillirtes Wasser

Franzbranntwein

Vorschrift zum Neuen Crème céleste

Ꝝ Cera alba 3'00 ... 10'

Cetacei 9'00 30'

Ol. amygdal. dulc. 21,75 75'

Glycerini 9.00 30'

fiat lege arti unguent.

Vorschrift zur Neuen Wilson Salbe

Ꝝ Cera alba 35,00

Cetacei 44,00

Ol. amygdal. 149,00

Glycerini 17,50.

Zinci oxydati 62,00

Talcis veneti 17,50

Tinct. Benzoës 4,50.

m. f. l. a. unguentum.

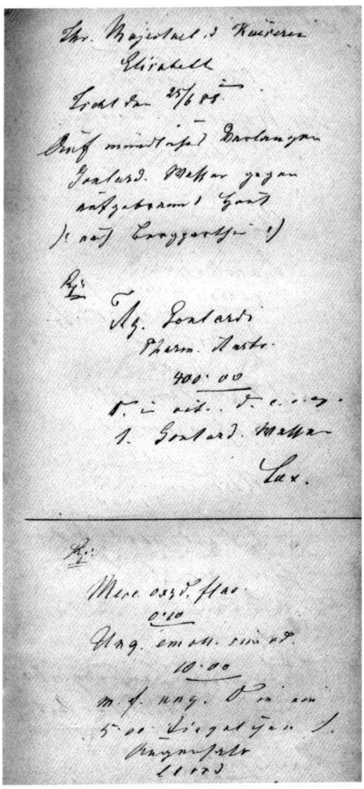

Oben: Rezept von Professor Hebra für Wilson Salbe aus dem Rezeptbuch der Hofapotheke für Kaiserin Elisabeth.

Links: Gegen Sonnenbrand verwendete Elisabeth „Aqua Goulardi" – kühlendes Bleiwasser: „auf mündliches Verlangen Goulard. Wasser gegen aufgebrannte Haut (nach Bergparthie!)".

Sprachstudium und Constantin Christomanos beschrieb in seinen Memoiren das beinahe kultartige Prozedere des Frisierens: „Das Frisieren dauert immer fast zwei Stunden, sagte sie, und während meine Haare so sehr beschäftigt sind, bleibt mein Geist träge. Ich fürchte, er geht aus den Haaren hinaus in die Finger der Friseuse. Deswegen tut mir dann der Kopf so weh ... Die Kaiserin saß an einem Tisch, der in der Mitte des Raumes gerückt und mit einem weißen Tuch bedeckt war, in einen weißen, mit Spitzen besetzten Frisiermantel gehüllt, mit aufgelösten Haaren, die bis zum Boden reichten und ihre Gestalt vollkommen einwickelten."[101]

Ihre Friseurin Franziska „Fanny" Feifalik spielte dabei eine entscheidende Rolle. Die ehemalige Friseurin des Wiener Burgtheaters war für die kunstvollen Frisuren der Kaiserin verantwortlich, und musste nach dem stundenlangen Frisieren, Flechten und Hochstecken der Haarmassen die dabei ausgefallenen Haare in einer silbernen Schüssel vorzeigen. Christomanos notierte dazu: „...hinter dem Sessel der Kaiserin stand die Friseuse in schwarzem Kleide mit langer Schleppe, eine weiße spinnwebene Schürze sich vorgebunden ... mit weißen Händen wühlte sie in den Wellen der Haare ... wickelte sie um die Arme wie Bäche, die sie auffangen möchte, teilte die einzelne Welle mit einem Kamm aus goldgelben Bernstein ... Dann brachte sie auf einer silbernen Schüssel die toten Haare der Herrin zum Anblick, und die Blicke der Herrin und jener der Dienerin kreuzten sich eine Sekunde – leisen Vorwurf bei der Herrin enthaltend, Schuld und Reue der Dienerin kündend. Dann wurde der weiße Mantel aus Spitzen von den fallenden Schultern gehoben, und die schwarze Kaiserin entstieg gleich einer göttlichen Statue der bergenden Hülle".[102]

Marie Larisch, bemerkte dazu spöttisch, dass „die Haare auf Tante Sisis Kopf nummeriert"[103] gewesen seien. Alle 14 Tage wurden die Haare mit einer extra angefertigten Mixtur aus Eigelb und Cognac gewaschen, und anschließend mit einer

„Kopfspiritus" genannten Lavendelspiritus, der durchblutungsfördernd wirkte, gespült. Die Prozedur dauerte einen ganzen Tag, in späteren Jahren ließ sie sich vermutlich die Haare mit Indigo und einem Extrakt aus Nussschalen tönen.
Elisabeths Nichte war die einzige, die sich schließlich offen gegen den Schönheitskult ihrer Tante aussprach, der zunehmend zur Lebensaufgabe wurde: „Sie betete ihre Schönheit an wie ein Heide seinen Götzen und lag vor ihr auf den Knien. Der Anblick der Vollkommenheit ihres Körpers bereitete ihr einen ästhetischen Genuß; alles was diese Vollkommenheit trübte, war ihr unkünstlerisch und zuwider."[104]
Um als junge schöne Frau in die Geschichte einzugehen, ließ sich Elisabeth ab Anfang 30 nicht mehr fotografieren, die letzten Gemälde nach Modell entstanden 1879 im Alter von 41 Jahren. Da Elisabeth ihr Selbstwertgefühl offenbar zum Großteil aus ihrer vielbewunderten Schönheit bezog, hatte sie Angst vor dem Alter und seinen Begleiterscheinungen. Der Verlust ihrer Jugend und Schönheit bedeutete für sie auch einen Verlust an Lebensfreude. Mit zunehmendem Alter fühlte sie sich nicht mehr bewundert und begehrt und klagte ihrer Nichte Marie Larisch: „O, wie entsetzlich ist es, alt zu werden! Zu fühlen, wie die Zeit die Hand auf unseren Körper legt, zu beobachten, wie die Haut runzlig wird, am Morgen mit Furcht vor dem Tageslicht zu erwachen und zu wissen, daß man nicht mehr begehrt wird!"[105] Mit 53 Jahren schrieb Elisabeth: „Es gibt nichts grauslicheres als so nach und nach zur Mumie zu werden und nicht Abschied nehmen zu wollen vom Jungsein. Wenn man dann als geschminkte Larve herumlaufen muß – pfui!"[106] Als sie ihre Schönheit schwinden sah, fühlte sie sich als Frau nicht mehr begehrt, nutzlos, und verfiel in depressive Stimmungen. Schirme und Fächer sollten aber nicht nur ihre, ihrer Meinung nach entschwundene Schönheit verbergen, sondern immer mehr auch zu einer symbolischen Barriere zwischen ihr und ihrer Umwelt werden.

… schlechte Zähne?

Hatte Elisabeth wirklich schlechte Zähne, die sie hinter Fächern zu verbergen suchte und schließlich sogar ein künstliches Gebiss?

Die Kaiserin empfand ihre Zähne offenbar als Schönheitsmakel, den sie stets zu verbergen suchte, indem sie den Mund beim Sprechen kaum öffnete. Elisabeth hatte aber nicht wie oft behauptet aufgrund mangelnder Pflege schlechte Zähne – im Gegenteil, neben den Eintragungen in den Hofrezeptbüchern, die regelmäßig Zahnpulver, -tinkturen und -spülungen enthalten, belegen neuere Quellen den engen Kontakt zu ihrem Zahnarzt Regierungsrat Raimund Günther von Kronmyrth.[107]

Elisabeth legte demnach großen Wert auf Zahnpflege und rief ihren Zahnarzt auch regelmäßig zu sich – jedoch nicht zu gröberen Maßnahmen auf Grund schwerwiegender Probleme, sondern in erster Linie zur Zahnhygiene.

Ausgerechnet Rosa Albach Retty, die Großmutter Romy Schneiders, setzte jedoch das Gerücht in die Welt, sie hätte eines Nachmittags eine schwarz gekleidete, schlanke Frau, die sie sofort als Kaiserin Elisabeth erkannt habe, in der Konditorei Zauner in Bad Ischl gesehen, die verstohlen ihr künstliches Gebiss in einem Wasserglas reinigte.[108] Dass dies eine Legende ist, beweist allerdings der Obduktionsbefund der Kaiserin, in dem ausdrücklich die guten Zähne („bonne dentation“[109]) der Kaiserin hervorgehoben sind, und auch die erwähnte Korrespondenz zwischen der Kaiserin und ihrem Zahnarzt zeichnet ein ganz anderes Bild.

Da Elisabeth jedoch größten Wert auf ihr perfektes äußeres Erscheinungsbild legte und versuchte, jeden kleinsten Mangel so gut wie möglich zu kaschieren, ist es vorstellbar, dass Elisabeth nicht versuchte ihre schlechten, sondern eventuell ihre unregelmäßigen oder nicht makellosen Zähne zu verbergen. Ein Grund dafür könnte auch sein, dass Elisabeth rauchte und möglicherweise als Folge des filterlosen Tabakkonsums verfärbte Zähne hatte.

... magersüchtig?

Machte Elisabeth ständig Hungerkuren, ernährte sich von rohem Stierblut und war magersüchtig?

Elisabeth achtete stets auf ihre schlanke Linie – bei einer Körpergröße von 1,72 cm wog sie zwischen 47 und 52 Kilo. Außergewöhnlich war auch ihre Taille von unglaublichen 51 cm, wobei jedoch hinzugefügt werden muss, dass Frauen damals von frühester Jugend an geschnürt wurden und ein Korsett trugen, wodurch sich auch der Körperbau veränderte. Mit ausschlaggebend für ihre schlanke Figur war sicherlich, dass sie über Jahrzehnte hinweg konsequent Sport betrieb. Viele Jahre betrieb sie die Reiterei als Hochleistungssport und trainierte dafür täglich mehrere Stunden. Bis ins Alter absolvierte sie ein tägliches Turnprogramm und hatte auch regelmäßigen Fechtunterricht. Nachdem Elisabeth ab Anfang der achtziger Jahre das Reiten aufgegeben hatte, kompensierte sie ihren Bewegungsdrang mit stundenlangen Gewaltmärschen und Bergtouren. Die Touren dauerten oft bis zu neun Stunden und stellen nicht nur die Hofdamen, die in dieser Zeit bereits auf ihre Marschfähigkeit getestet wurden, bevor sie engagiert wurden, auf eine harte Probe. Auch ortskundige Führer erzwangen nicht selten, nach einigen Stunden völlig erschöpft, durch angebliche plötzliche Unkenntnis der Gegend eine Umkehr.
Ins Reich der Legenden muss jedoch verwiesen werden, dass Elisabeth ihr Leben lang ständig hungerte, um schlank zu bleiben. Originale Speisezettel belegen, dass Elisabeth sehr wohl einen guten Appetit besaß. Ein gewöhnliches Frühstück bestand aus Kaffee mit kaltem und warmem Obers, süßen und ge-

salzenen Bäckereien, Eiern, kaltem Fleisch, Honig, Obst und verschiedenem Gebäck. Dazu trank sie ein Glas Wein. Zu Mittag folgten gewöhnlich Braten mit Gemüse und am Nachmittag eine kleine Jause gefolgt vom abendlichen Diner. Rechnungen aus den verschiedensten Konditoreien zeigen zudem, dass Elisabeth gerne Süßes – am liebsten Schokoladetorten und vor allem Sorbet aß. Besonders wichtig waren ihr frische Milch und Milchprodukte. Zu diesem Zweck richtete sie sogar 1895 im Schönbrunner Schlosspark eine eigene kleine Meierei ein, von wo sie täglich ihre frische Milch bzw. Milchprodukte geliefert bekam. Auf Reisen – selbst auf Seereisen – nahm sie Ziegen mit, um täglich frische Milch trinken zu können. Nicht ohne eine gewisse Selbstironie erklärte sie Constantin Christomanos, der sie auch auf vielen Reisen begleitete, über eine mitgereiste Ziege: „Sie macht die Reise ohne jede Begeisterung für das Schöne. Aber sie hat Pflichtgefühl, denn sie ist eine Engländerin … Es gibt keine besseren Nurses als die Engländerinnen.“[110]
Elisabeth war stolz auf ihre schlanke Figur, die sie auch durch ihre Kleidung betonte, sie versuchte jedoch nicht einem gängigen Schönheitsideal nachzueifern. Ein „schöne“ Frau war damals wesentlich runder und voller, wie auch Fotos von Katharina Schratt, der späteren Gefährtin Franz Josephs, oder von Mary Vetsera, der letzten Geliebten des Kronprinzen Rudolf, zeigen, die dem damaligen Schönheitsideal entsprachen. Elisabeth galt daher in den Augen ihrer Umgebung als mager und entsprach dem Ideal keineswegs. Veranlagung mag eine wichtige Rolle gespielt haben, waren doch auch ihre Geschwister sehr schlank und hochgewachsen. Dazu kam, dass Elisabeth andere Essgewohnheiten hatte. Sie nahm zwar ein ausgiebiges Frühstück und ein Mittagessen zu sich, am Abend jedoch meistens nur noch eine kleine Mahlzeit zwischen fünf und sechs Uhr. Sie hatte die Erfahrung gemacht, dass sie späte Mahlzeiten nicht vertrug oder davon zunahm, und wollte daher nach sechs Uhr abends nichts mehr essen. Nicht nur aus diesem Grund

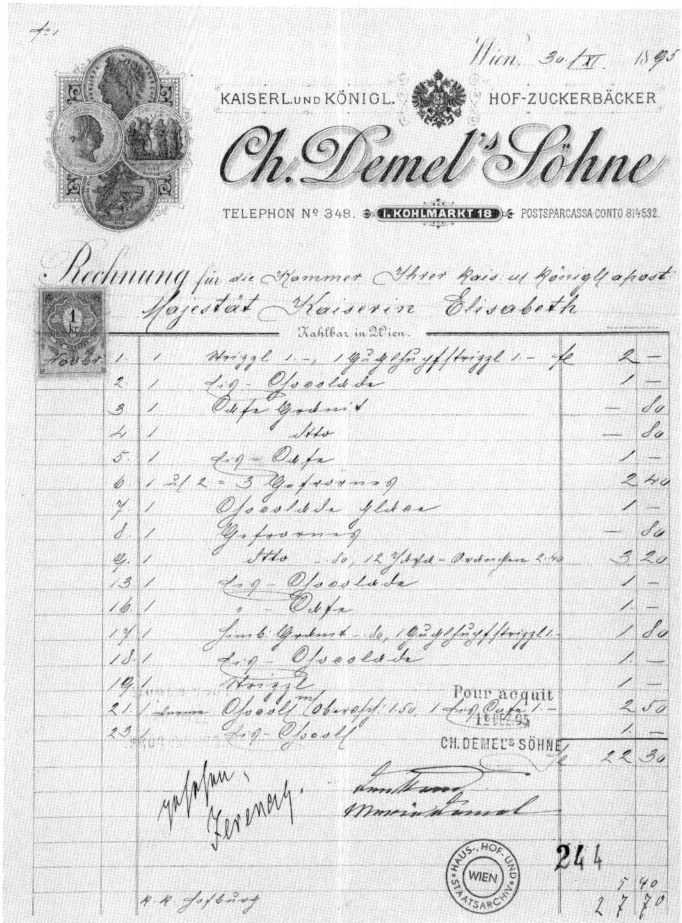

Wien, 30/XI. 1895

KAISERL. UND KÖNIGL. HOF-ZUCKERBÄCKER

Ch. Demel's Söhne

TELEPHON Nº 348. I. KOHLMARKT 18 POSTSPARCASSA-CONTO 814532.

Rechnung für die Kammer Ihrer Kais. u. Königl. apost. Majestät Kaiserin Elisabeth

Zahlbar in Wien.

Pour acquit 1. DEZ. 95 CH. DEMEL's SÖHNE

22 30

HAUS-, HOF- UND STAATSARCHIV WIEN

244

Rechnung des Hof-Zuckerbäckers Demel für eine Lieferung Striezel, Gugelhupf, Schokolade, Schokoladeeis und Eiscafé an Kaiserin Elisabeth.

versuchte sie so oft wie möglich, den allabendlichen Familiendiners fern zu bleiben. Ließ es sich nicht vermeiden daran teilzunehmen, aß sie betont wenig und trug damit zu Gerüchten bei, sie esse nichts. Vor allem in den Jahren, als sie die Reiterei wirklich als Hochleistungssport betrieb, aß Elisabeth absolut „normal". Man darf nicht vergessen, dass sie mitunter von elf

Uhr vormittags bis gegen halb sechs Uhr abends im Sattel saß – sie hätte konditionell und kreislaufmäßig nicht eine einzige Parforcejagd durchgestanden, hätte sie nichts gegessen. So nahm sie vor Reitjagden immer eine spezielle, besonders kräftige Suppe zu sich, die aus zusammengekochtem Rindfleisch, Huhn, Reh und Rebhuhn bestand. Dazu trank sie zwei Gläser Wein und auf der Fahrt zum Treffpunkt nahm sie noch eine weitere Mahlzeit mit belegten Broten und Wein ein; nach dem Reiten trank sie gerne ein Glas Bier. Am Abend speiste sie mit ihren Begleitern und aß den Berichten zufolge sogar sehr viel. Ihre Hofdame Marie Festetics schrieb der zu Hause gebliebenen Freundin Ida Ferenczy: „Die Liebe ist unberufen sehr wohl, sie lässt Ihnen sagen, daß sie jetzt riesigen Appetit hat und derart viel ißt, daß sie wie eine Boa constrictor am Sofa liegt und sich fürchtet ins Bett zu gehen …“[111]

Die Hofrezeptbücher belegen, dass verdauungsfördernde sowie abführende Mittel eine wichtige Rolle im Alltag der Kaiserin spielten. Als verdauungsanregend schätzte sie Pepsin und Brechnussextrakt, als Abführmittel kamen vor allem Bittersalz sowie Tinkturen aus Aloe und Enzianextrakt zum Einsatz.

Obwohl Elisabeth den bekannten Quellen zufolge nicht als anorektisch oder gar bulimisch bezeichnet werden kann, ist mit zunehmendem Alter eine immer intensivere Beschäftigung mit dem Thema Essen und Gewicht festzustellen. Die Kaiserin probierte in ihren letzten Lebensjahren die verschiedensten Diäten aus, um ihr Gewicht zu halten. Dazu gehörten neben generellen Fasttagen auch Tage, an denen sie nur Milch trank bzw. Orangen oder Fleischbrühe aß. Unrichtig ist jedoch die Behauptung, Elisabeth hätte sich von rohem Fleischsaft ernährt – es wurde zwar täglich ein roher Kalbsschlögel in die Kammer der Kaiserin geliefert, dieser wurde jedoch in Stücke geschnitten, mit einer Entenpresse ausgepresst, gewürzt und daraus ein Extrakt eingekocht, den Elisabeth als nahrhaften Trank zu sich nahm, der auch ihren Eisenmangel kompensieren sollte. Eine zunehmend entscheidende Rolle spielte die Waage: Elisabeth wog sich täglich, um ihr Gewicht zu kontrollieren, und trug nicht nur ihr Gewicht, sondern auch ihr sportliches Tagesprogramm in ein „Gewichts-Journal“ ein. Sie beschäftigte sich demnach zwanghaft mit den Themen Essen, Gewicht und Aussehen. Ihr Verhalten erinnert an die Orthorexia nervosa genannte Essstörung, die sich dadurch auszeichnet, dass Betroffene ein krankhaftes Verlangen danach haben, sich möglichst „gesund“ zu ernähren, und sich generell zwanghaft mit dem Thema Essen auseinandersetzen. Im Unterschied zur Anorexie ist die Orthorexie demnach keine quantitative, sondern eine qualitative Essstörung; dennoch bewegen sich Erkrankte durch die stark eingeschränkte Nahrung gewichtsmäßig zumeist im unteren Normbereich.

... Hungerödeme?

Litt Elisabeth an durch Unterernährung verursachten Hungerödemen?

Viktor Eisenmenger, der Vertreter des Hofarztes Dr. Kerzl, schilderte in seinen Memoiren seine Begegnung mit der Kaiserin in Territet am Genfer See im Jahre 1897, wo er mit Erzherzog Franz Ferdinand im gleichen Hotel wie Elisabeth abgestiegen war: „Ich wurde zur Kaiserin gerufen. Sie klagte darüber, daß sie trotz der aufs äußerste eingeschränkten Nahrungsaufnahme – sie aß nur mehr sechs Orangen täglich – an Gewicht zunehme. Nur schwer ließ sie sich zu einer Untersuchung bewegen. Ich fand bei der sonst gesunden Frau ziemlich starke Hautanschwellungen, besonders an den Knöcheln. Ein Zustand, den die Ärzte damals sehr selten zu sehen bekamen und der erst im Krieg zu einer traurigen Berühmtheit kam. Hungerödem! Ich erklärte ihr, daß die Gewichtszunahme auf Wasseransammlung in den Geweben infolge von Unterernährung beruhe und darum umso stärker sei, je weniger sie esse. Sie lehnte trotzdem alle meine Diätvorschläge ab, und ich mußte mit der Konzession zufrieden sein, daß sie ein paar Gläser Schafmilch im Tag trinken wolle."[112] Elisabeths Obersthofmeister Graf Bellegarde war in der Folge empört über die horrende Summe von 50 Franken für Schafmilch, die sich auf der Hotelrechnung befand. Eisenmenger ging dem Grund nach und brachte in Erfahrung, dass Elisabeth bezeichnenderweise nicht etwa einige Gläser Schafmilch bestellt hatte, sondern bei einem ihrer ausgedehnten Spaziergänge auf einer Alm eine Schafherde entdeckt und veranlasst hatte, dass die gesamte Herde ins Tal getrieben wurde, um sich ein Schaf für ihren täglichen Milchbedarf auszusuchen, was die hohe Rechnung verursacht hatte. Beim Abschied ließ Elisabeth Eisenmenger schließlich ausrichten, dass es ihr besser gehe – sie habe an Gewicht abgenommen. Nicht vergessen werden darf in diesem Zusammenhang, dass diese Begegnung in der Zeit stattfand als Elisabeth an schweren Gemütsschwankungen litt. Kurz darauf schilderte Irma Sztáray, die die Kaiserin in den letzten Jahren auf ihren Reisen begleitete, in ihren Memoiren eingehend die ausgiebigen Diners, die sie mit der Kaiserin einnahm: „denn es kam nicht selten vor, daß sie, wen es ihr passte, ein ganzes Diner mit gutem Appetit verspeiste. Ihr Frühstück, zu dem sie in der Regel Tee oder Milch, Butter, Eier und kaltes Fleisch serviert wurden, nahm sie gegen 9; ihr Diner, um 5 oder ½ 6 Uhr bestand aus Braten, Gemüse und dem unvermeidlichen Eis."[113]

... Irrfahrten durch Europa?

Reiste die Kaiserin in späteren Jahren wirklich ziellos durch Europa, nur um nicht am Wiener Hof sein zu müssen?

Die Kaiserin wurde mit zunehmendem Alter immer rast- und ruheloser und ihre Reisetätigkeit, für die sie anfangs noch gesundheitliche Gründe angegeben hatte, wurde zu einer Hauptbeschäftigung ihres Lebens. Dass sie ziellos durch Europa reiste – quasi auf der Flucht vor dem Wiener Hof – ist jedoch nicht zutreffend.

Die Reisen führten zwar immer weiter weg und dauerten auch länger. Elisabeth reiste jedoch nicht wie oft dargestellt plan- und ziellos durch die Welt. Im Gegenteil, bereits ein Jahr im Voraus wurde die Reiseroute von ihr genauestens geplant, nur ihre engsten Vertrauten und Begleiter werden eingeweiht und zu strengstem Stillschweigen verpflichtet. Elisabeth hielt diesen Reiseplan zumeist genau ein, nur anhaltend schlechtes Wetter zwang sie manchmal ihre Pläne zu ändern. Dennoch, Elisabeth war ständig in Bewegung, die Vorstellung sich an einem Ort für längere Zeit niederzulassen, beengte sie. Zu Constantin Christomanos, ihrem Griechischlehrer, der sie auch oft auf Reisen begleitete, sagt sie: „Die Reiseziele sind nur deswegen begehrenswert, weil die Reise dazwischen liegt. Wenn ich irgendwo angekommen wäre und wüßte, daß ich nie mehr mich davon entfernen würde, würde mir der Aufenthalt in einem Paradiese zur Hölle. Der Gedanke einen Ort bald verlassen zu müssen, rührt mich und lässt mich ihn lieben. Und so begrabe ich jedes Mal einen Traum der zu rasch vergeht, um nach einem neuen zu seufzen.“[114]

Franz Joseph erfüllte seiner geliebten Frau nach wie vor jeden Wunsch. Nur mit seiner Unterstützung – auch in finanzieller Hinsicht – konnte sie ihr unabhängiges Leben führen und ihre Reisen finanzieren, die Unsummen kosteten. Elisabeth reiste über viele Jahre mit großer Begleitung, mietete über Wochen und Monate teure Villen oder ganze Hotels. So wurde z.B. im Sommer bei ihren alljährlichen Familienbesuchen in Bayern für zwei Monate das gesamte Hotel Strauch in Feldafing am Starnberger See in der Nähe von Possenhofen gemietet – eines der elegantesten und teuersten Häuser am See, das in dieser Zeit für andere Gäste geschlossen blieb. Elisabeth kam meist in Beglei-

tung ihrer Tochter Marie Valerie – und mit einem Gefolge von ca. 50 Personen. Von hier aus unternahm Elisabeth, neben Besuchen ihrer Familie, Wanderungen, ging im See schwimmen – wofür natürlich die gesamte Badeanstalt für sie geschlossen werden musste – oder verbrachte geruhsame Nachmittage im Garten, interessanterweise wie überliefert in einer Hängematte. Für die meisten Reisen verwendete die Kaiserin den eigens für sie erbauten Hofsalonwagen, der aus einem Salon- und einem Schlafwagon bestand, über elektrische Beleuchtung, eine Dampfheizung sowie eine Toilette für sie verfügte.
Das Personal reiste freilich etwas bescheidener – die mitreisende Kammerfrau schlief auf einem Fauteuil, der die ganze Breite des winzigen Bereiches einnahm, der vom Schlafbereich der Kaiserin abgetrennt war. Welchen Aufwand Elisabeths Reisen mit sich brachten, wird aus folgenden Angaben deutlich: 1870 reiste Elisabeth von Oktober bis Juni 1871 nach Meran, wo sie im Schloss Trauttmansdorff wohnte. Der reisende Hofstaat umfasste 102 Personen, darunter auch Beamte für das zu installierende Telegrafenamt für den direkten Draht nach Wien, weiters Hoftafelgestalter und eigene Zuckerbäcker. Elisabeth reiste außerdem mit ihren persönlichen Möbeln sowie ihren Pferden, die in extra Zügen transportiert wurden. Die Hofreisezüge hatten separate Fahrpläne, Vorrang vor allen anderen Zügen, und bei Nachtfahrten wurde die Geschwindigkeit gedrosselt, um einen ruhigen Lauf zu ermöglichen; Begegnung mit Güterzügen, die enormen Lärm verursacht hätte, wurde nach Möglichkeit vermieden. Die Strecken wurden durch Begehungen kontrolliert und an gefährlichen Stellen waren Bahnwächter postiert. Das hatte natürlich alles seinen Preis. Für eine Reise Franz Josephs von Wien nach Wiener Neustadt (ca. 50 km) zum Besuch der Militärakademie verrechnete die Bahngesellschaft dem Hof 227 Gulden, was ungefähr 2.000 € entspricht – man kann sich ausrechnen, was Elisabeths Zugreisen quer durch Europa kosteten.

„Der Gedanke einen Ort bald verlassen zu müssen, rührt mich und lässt mich ihn lieben“: das Achilleion, das griechische Refugium der Kaiserin.

Doch Elisabeths Fernweh wurde immer stärker – und je weiter sie von Wien weg war, desto wohler fühlte sie sich. Sie wollte fremde Länder sehen und Kulturen kennenlernen. Aber nicht nur das. Sie genoss vor allem auch das unbeschwerte Leben, ohne Verpflichtungen oder Einschränkungen das zu tun, was ihr beliebte. Sie weigerte sich zwar, die Rolle der Kaiserin von Österreich zu spielen, nahm aber die damit verbundenen – vor allem finanziellen – Annehmlichkeiten selbstverständlich in Anspruch. Das Tagebuch ihres Leiblakais Leopold Alram, erzählt von sorgenlosen Tagen an der Côte d'Azur, die vor allem von Konditoreibesuchen und Einkäufen sowie Yachtbesuchen bei reichen Amerikanern oder dem europäischen Geldadel wie etwa den Rothschilds geprägt waren: „... mit Ihrer Majestät u Frau Gräfin Mikes (Hofdame Elisabeths) nach Nizza gefahren; in Nizza bei Contiteur Rumpelmayer die Maj. u. Frau Gräfin gefrühstückt, Geschäfte besucht... Am 30. März früh Fahrt per Bahn mit Ihrer Maj. u. Frau Gräfin nach Cannes, dortselbst bei

Contiteur Rumpelmayer Frühstück genommen, dann Geschäfte besucht...Und einige Tage später: „...nach Nizza gefahren, im Hafen zu Nizza das dortselbst vor Anker liegente Schiff des reichen Amerikaner Panterbil (vermutl. der amerikanische Industrielle Frederick William Vanderbilt gemeint) mit Name Valiant dann das Rothschildsche Schiff (Eros) besichtig ... hernach bei Contitor Rumpelmayer Jause genohmen ...“[115]

Elisabeth liebte es aber nicht nur mondän, sondern zwischendurch auch ganz einfach. Auf ihren Wanderungen kehrte sie gerne in einfachen Almhütten oder Dorfwirtshäusern ein, um ein Glas Milch zu trinken oder ein paar Brezeln zu einem Glas Bier zu essen. Hauptsache war, dass sie unerkannt blieb; sobald sie das Gefühl hatte, angestarrt oder gar erkannt zu werden, flüchtete sie sofort.

Elisabeth liebte vor allem ausgedehnte Seereisen, die sie meist auf der kaiserlichen Yacht unternahm, die zwar einfach, aber elegant und prächtig ausgestattet war. Ihre Räume im Rumpf des Schiffes hatten ihrem Wunsch entsprechend den Charakter einer Seemannswohnung und waren einfach und praktisch eingerichtet – alle Möbel waren mit weißen Leinentüchern überdeckt, als Schmuck dienten üppige Blumenarrangements. Auf gewisse Annehmlichkeiten wollte sie jedoch nicht verzichten. Dazu gehörte ein tägliches Bad, das sie meist frühmorgens nahm. Da sie auf Seereisen nur in Seewasser baden wollte, wurde in Fässern Meerwasser an Bord geholt und ihre Badewanne damit gefüllt – damit das Badewasser nicht überschwappte, musste das Schiff während des Bades der Kaiserin stillstehen. Auf dem Verdeck befand sich ein runder Glaspavillon, der eine Rundumaussicht auf das Meer ermöglichte. Er war mit blauer Seide tapeziert, die Vorhänge konnten heruntergelassen werden und in der Mitte stand ein runder Divan. Hier ließ sich die Kaiserin jeden Morgen frisieren, während sie mit ihrem Griechischlehrer las oder schrieb. Um dabei nicht gestört zu sein, waren während dieser Zeit alle Vorhänge herunterge-

lassen. In diesem Glaspavillon hielt sie sich auch bei Regenwetter oder Sturm auf und genoss die Aussicht auf die raue See. Elisabeth kannte keine Seekrankheit und liebte hohen Seegang, wenn sie sich den Elementen besonders nahe fühlte. Christomanos erklärte sie: „Wenn es stürmisch wird und wir auf hoher See sind, lasse ich mich gewöhnlich an diesen Stuhl binden. Ich tue dies wie Odysseus, weil mich die Wellen locken."[116]
Die Begleiter der Kaiserin waren weniger angetan von den Naturgewalten auf hoher See. Elisabeths Leiblakai Leopold Alram, der die Kaiserin ab 1893 über viele Jahre hinweg auf ihren Seereisen begleitete, vermerkte in seinem Tagebuch: „... die See war schauderhaft, wie eine Nußschale wurde unser Schiff herum geworfen, das umkehren war fürchterlich, wir haben schon glaubt das wir zu Fischfutter bestimmt sind; um ½ 10 Uhr Abends wurde umgekehrt, ich hab mir mit einer Serviette den Kopf verbunden um nichts hören zu müssen ..."[117]
Auch Elisabeths Hofdame Marie Festetics beklagte den zunehmenden Egoismus der Kaiserin: „Am Schiff wird es von Tag zu Tag unerträglicher...Ihre Majestät erzählt die vertraulichsten Sachen, sie ist sehr lieb und gut, doch oft erschaudere ich über die schöne Seele, die in Egoismus und Paradoxen untergeht."[118]
Franz Joseph machte sich in der Zeit ständige Sorgen um seine Frau und schrieb sehnsüchtige und beängstigte Briefe, die auch zeigen, dass sich die beiden keineswegs entfremdet hatten und Franz Joseph seine Frau ein Leben lang bedingungslos liebte: „Jetzt fährst Du an der spanischen Küste, näherst Dich immer mehr dem Ziel das uns vereinen wird und entgehst hoffentlich allen Gefahren durch Räuberbanden, Anarchisten und Dynamit, die in Spanien nicht zu unterschätzen sind..."[119], schrieb der Kaiser im Februar 1894 und im Dezember: „... natürlich begleiten auch meine Gedanken Dich unausgesetzt auf dem Meere und nicht ohne Sorgen, da nach Deinem Telegramme und den anderen eingelaufenen Meldungen, die See beim Bora Gestern bewegt war. Hoffentlich beschränkt sich die Gefahr auf starke

Seekrankheit der Gräfin Sztáray, Berzeviczys und des Griechen…“[120] und 1895: „Innigsten Dank für Dein vorgestriges Telegramm aus Neapel. Jetzt wirst Du wohl noch auf dem Meere schwimmen und ich ängstige mich natürlich so lange, bis ich die Nachricht Deines Eintreffens in Corfu erhalte. Man hört ja immer nur von den Stürmen und Schiffsunglücken und da wird man natürlich besorgt…“[121]

… tätowiert?

Hatte die Kaiserin von Österreich ein Tattoo?

Um es den verwegenen Seefahrern gleichzutun, ließ sich Elisabeth 1888 auf einer Schiffsreise nach Griechenland und Kleinasien einen Anker auf die Schulter tätowieren. Tätowierungen kamen in dieser Zeit sowohl bei Abenteurern als auch exaltierten Aristokraten in Mode – Franz Joseph war dennoch entsetzt. Marie Valerie erfuhr am Tag ihrer Verlobung davon und schilderte die Szene in ihrem Tagebuch. Elisabeth hatte soeben ihre Zustimmung zu Valeries Vermählung gegeben und Mutter und Tochter brachen vor Glück und Rührung in Tränen aus, „… als Papa eintrat und mich fragte, ob ich wohl schon über die furchtbare Überraschung geweint habe, daß sich nämlich Mama einen Anker auf die Schulter einbrennen ließ, was ich sehr originell und gar nicht so entsetzlich finde …“[122]

… depressiv?

Elisabeths melancholische Gedichte verraten viel über ihren Gemütszustand in den spätern 1880er Jahren – aber hatte sie auch echte Depressionen?

Obwohl Elisabeth ein völlig unabhängiges, freies und selbstbestimmtes Leben führte, war sie unglücklich. Immer wieder be-

Kaiserin Elisabeth mit ihrem irischen Wolfshund „Houseguard“. Fotografie von Emil Rabending 1866.

klagte die Kaiserin die Qual des Lebens, sprach voller Bitterkeit über ihr Schicksal. Selbst Marie Valerie war überzeugt: „Wie anders würde Mama Leben und Leiden auffassen, könnte sie nur einmal den Wert der Zeit (und Tätigkeit) erkennen!“[123] Ihre Schwermut entwickelte sich zu einer Depression, die sie zeitweilig vollkommen gefangenhielt, wie ein verzweifelter Brief ihrer Begleiterin Marie Festetics an Ida Ferenczy zeigt: „Es drückt mich, liebe Ida, was ich hier sehe und höre. Ihre Majestät ist zwar immer lieb, wenn wir beisammen sind und redet wie einst. Sie ist aber nicht mehr die Alte – ein Schatten liegt über ihrer Seele. Nur diesen Ausdruck kann ich gebrauchen, da man bei einem Menschen, der aus Bequemlichkeit oder Unterhaltung alles schöne und edle Gefühl unterdrückt und verneint – nur sagen kann es sei Bitterkeit oder Zynismus! Glaube mir, blutige Tränen weint mein Herz … Dabei macht sie Dinge, daß den Menschen nicht nur das Herz, sondern auch der Verstand stehen bleibt. Gestern früh war schon schlechtes Wetter, trotzdem fuhr sie mit dem Segler hinaus. Um 9 Uhr begann es schon zu giessen und bis 3 Uhr nachmittags dauerte der furchtbare von Donner begleitete Guss. Während der ganzen Zeit segelte sie um uns herum, saß an ‚Deck' – hielt den Regenschirm über sich und war ganz nass. Dann stieg sie irgendwo aus, bestellte ihren Wagen hin und wollte in einer fremden Villa übernachten!"[124]

Auch ihre Tochter Marie Valerie machte sich zunehmend Sorgen um ihre Mutter und notierte in ihrem Tagebuch: „Nach allem, was ich hier höre, war Mamas Winter noch schlechter als wir wussten … all der Jammer dieses armen, trostlosen Lebens, nun gesteigert durch Alter und Kränklichkeit und immer noch ohne das tröstende Licht, das allein hinweghelfen könnte über all das Elend. … ich finde ihren Gang sehr langsam und müde geworden … Leider will Mama mehr denn je allein sein, nur abends lässt sie mich mit ihr spazieren gehen und spricht nur von traurigen Dingen."[125]

Und 1898: „… die tiefe Traurigkeit, die Mama früher doch nur zeitweilig umfing, verläßt sie jetzt nie mehr. Heute sagte Mama wieder, sie ersehne oft den Tod. Sie fürchte ihn nicht."[126]

… nahm Cocain?

Was hat es mit der Cocainspritze der Kaiserin auf sich?

Die vor einigen Jahren vorgenommene Analyse der Reiseapotheke der Kaiserin Elisabeth, die eine Cocainspritze sowie ein Fläschchen mit der Aufschrift „Cocain" enthält, war insofern

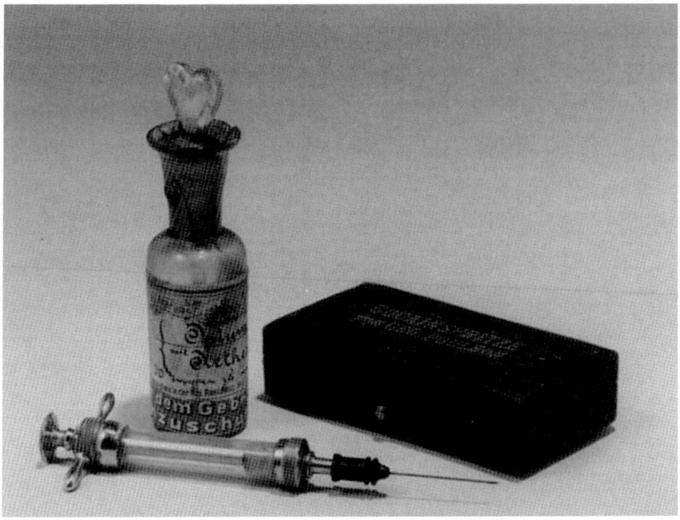

Cocainspritze der Kaiserin aus ihrer Handapotheke, die sie auch stets auf Reisen mit sich trug.

eine Überraschung, als das Cocain der Kaiserin offensichtlich intravenös verabreicht wurde.[127] Cocainhältige Lösungen, Salben oder auch Zäpfchen, die schmerzstillend wirkten, waren in dieser Zeit durchaus gängig und ihr Gebrauch beschränkte sich auch nicht auf Europa oder ausschließlich wohlhabende Schichten. In den 1890er Jahren waren cocainhältige Präparate – u. a. als Halsschmerzpastillen („Dragées Bengué") sowie in den USA in Form von Cocainbonbons für zahnende Kinder frei erhältlich, da Cocain noch nicht als Droge erkannt, sondern als völlig unbedenkliche Medizin eingestuft wurde. Intravenös verabreichtes Cocain war allerdings eher selten, da es auch eine völlig andere Wirkung hatte. Diese Form erforschte niemand Geringerer als Sigmund Freud – einige Jahre, bevor er die Psychoanalyse begründete. Dabei entdeckte er die euphorisierenden, psychostimulierenden und antidepressiven Eigenschaften, die er als besonders positiv für die Behandlung von depressiven Verstimmungen und Erschöpfungszuständen beurteilte. Im

Jahre 1884 publizierte Sigmund Freud seine ersten Forschungsergebnisse über intravenös verabreichtes oder geschnupftes Cocain in seiner Studie „Über Coca" und empfahl Cocain sowohl „bei körperlichen und geistigen Erschöpfungszuständen" sowie bei „melancholischen Verstimmungen".[128] Durch Freuds Publikationen wurde Cocain vor allem in sozial höheren Schichten immer beliebter und galt als völlig bedenkenloses, stimmungsaufhellendes Mittel. Auf Grund seiner stimulierenden Wirkung war auch das 1887 auf den Markt gekommene Coca-Cola ursprünglich mit Cocain versetzt. Cocain blieb fast zwei Jahrzehnte als Lokalanästhetikum unersetzlich. Erst ab 1902/03 wurden langsam die Gefahren der Droge erkannt und es kamen erstmals Diskussionen um Suchtgefahr und Abhängigkeit auf. Im Zuge dieser Diskussion wurde ab 1903 Coca-Cola nicht mehr mit Cocain versetzt und cocainhältige Präparate verschwanden langsam vom Markt. Bei der ersten Opiumkonferenz 1909 wurde Cocain schließlich als Suchtmittel eingestuft, und 1920 erfolgte die völkerrechtlich Definition und Ächtung als Rauschgift. Seit 1940/50 wird Cocain als gefährliche Droge gemäß dem Rauschmittel- und Betäubungsgesetz definiert. Gleichzeitig wurden synthetische Lokalanästhetika ohne psychotrope suchtauslösende Wirkungen verfügbar, für deren Entwicklung die Struktur des Cocains als Modell gedient hatte.

Wie oft und über welchen Zeitraum Elisabeth Cocain verabreicht wurde, ist den Quellen nicht zu entnehmen, auffallend ist jedoch, dass ihre Familie Anfang 1897 eine plötzliche Verbesserung ihres Gemütszustandes feststellte. So notierte Marie Valerie im Mai in ihr Tagebuch: „ Mama unglaublich erholt … in ihrem ganzen Wesen und Kräftezustand eigentlich ganz wie früher."[129] Und kurz darauf: „Mama … gutaussehend, sogar heiter."[130] Die Cocainspritze befand sich jedenfalls auch im September 1898, bei ihrer letzten Reise nach Genf, in ihrer Reisehandapotheke, die sie stets bei sich hatte.

… *Opfer des Wiener Hofes?*

Elisabeth sah sich selbst stets als Opfer des rigiden Wiener Hofes – aber war sie das wirklich?

Elisabeth weigerte sich zwar, die vom Hof auferlegten, traditionellen Pflichten als Frau, Mutter und Kaiserin zu erfüllen, suchte sich aber keine andere Aufgabe. Sogar ihre Hofdame Marie Festetics, die Elisabeth anfangs bedingungslos verehrte, machte sich schließlich darüber Gedanken und schrieb: „Sie ist eine Schwärmerin, und ihre Hauptbeschäftigung ist Grübeln. Wie das gefährlich ist. Sie möchte alles ergründen und sucht zu viel herum, ich möchte sagen, daß der gesündeste Sinn unter dieser Art Leben leiden muß. Sie brauchte eine Beschäftigung, eine Position, und da die Einzige, die Sie hätte, Ihrer Natur zuwider ist, liegt in Ihr alles brach … Erzherzogin Valerie erfüllt jetzt Ihre Seele ganz. Aber für ein Wesen mit Ihrer Begabung ist der Umgang mit dem Kinde zu wenig geistige Nahrung, und andere Beschäftigung hat Sie wenig. Man sieht, wie unausgefüllt Sie ist.“[131]

Festetics – die Elisabeth auch als „mimosenhafte Natur“[132] bezeichnete, brachte es damit auf den Punkt. Elisabeth hatte viele Talente, war intelligent, und doch machte sie nichts Sinnvolles daraus – weder für die Monarchie, noch für sich selbst. Nicht nur, dass sie ihre Begabungen nicht als Kaiserin nutzte und sich hier eine Position, einen Bereich oder eine Aufgabe suchte; sie schaffte es auch nicht, ein erfülltes Privatleben zu führen, obwohl sie alle Möglichkeiten dazu gehabt hätte. Nachdem sie den Reitsport aufgegeben hatte, widmete sie sich neben ihrem Schönheitskult einige Jahre lang intensiv der Poesie, danach intensiver Reisetätigkeit. Sie konnte ihr Leben völlig frei gestalten, doch so sehr sie sich körperlich forderte, Strapazen auf sich nahm, um ihrem Ideal zu entsprechen, so wissbegierig sie war, ständig lernte und weiterbildete, so unfähig war sie, daraus Nutzen zu ziehen und ein zumindest für sie befriedigendes Leben zu führen. Ihre Gedanken kreisten stets um die eigene Person. Sie hätte alles tun können, was ihr beliebte. Doch sie suchte sich, abgesehen von ihren jeweils vorrangigen Interessen, keine Herausforderungen im Leben. Sie pflegte einen exaltieren, egozentrischen Lebensstil wie es unter Aristokratinnen ihrer Zeit schick war, aber sie war weder Rebellin noch modern. Auf der einen Seite weigerte sie sich zwar, die Rolle der Kaiserin zu spielen; die Annehmlichkeiten, die damit verbunden waren, nahm sie jedoch ganz selbstverständlich für sich in Anspruch. Und sie hatte für ihre Exzentrik einen passenden Sündenbock – nämlich ihre 1872 verstorbene Schwiegermutter. Erst nach deren Tod begann sie ihrer Umgebung als Grund für ihre „Traurigkeit" ihre Schwiegermutter zu nennen, die sie in jungen Jahren gepeinigt habe. So schrieb etwa ihre Nichte Marie Larisch in ihren Memoiren „... daß ihr späteres Trübsal durch die unfreundliche Behandlung entstand, mit der des Kaisers Mutter sie während der ersten Jahre ihrer Ehe peinigte. Jede Natürlichkeit war ihr verboten. Diese Unterdrückung brachte die angeborene Exzentrik ihrer Familie bei ihr zum Ausbruch ..."[133]

... emanzipierte Frau?

Immer wieder liest man, Elisabeth wäre eine moderne emanzipierte Frau gewesen, die sich gegen gesellschaftliche Spielregeln und Erwartungen durchgesetzt hätte.

Elisabeth hatte allein dafür gekämpft, ihr Leben so zu gestalten, wie sie es wollte; gesellschaftspolitische Überlegungen, Gleichberechtigung und Emanzipation waren ihr aber kein Anliegen. „Frei sollen die Frauen sein; sie sind oft würdiger es zu sein als die Männer. Als bestes Beispiel haben wir die George Sand. Aber was die sogenannte Bildung betrifft, so bin ich dagegen. Je weniger die Frauen lernen, desto wertvoller sind sie, dann wissen sie alles aus sich selbst heraus. Was sie lernen, lenkt sie eigentlich nur ab auf einem Abwege ihres Inneren, sie verlernen dadurch ein Stück ihrer selbst, um anstatt dessen Grammatik oder Logik sich unvollkommen sich anzueignen. In jenen Ländern, wo die Frauen wenig lernen, sind sie viel tiefere Wesen als unsere Blaustrümpfe. Es ist eine Täuschung, wenn die Freunde der Emancipation zu Gunsten der Bewegung vorbringen, dass gebildete Mütter geistig begabtere Söhne der Menschheit schenken würden." – „Dabei wollen die modernen Männer an ihren modernen Frauen eine geistige Stütze finden", entgegnete Christomanos. – „Im Gegenteil, sie würden wohlthätiger wirken als Mütter, wenn sie wie die Bäume wären, frei von jeder Fessel und Verkrümmung unter dem offenen Himmel; die Frauen sollen nicht da sein, um den Männern in ihren Geschäften zu helfen, indem sie ihnen Gedanken und Rathschläge soufflieren, sondern sie sollen durch ihre bloße Nähe Gedanken und Entschlüsse in den Männern wachrufen und reifen lassen, die diese dann selbst aus sich zu schöpfen haben."[134] Abgesehen davon, dass diese Worte aus dem Mund der Kaiserin, die das Gegenteil von Nähe zu ihrem Mann suchte und sich ständig weiterbildete, mehr als überraschend sind, kann man Elisabeth also sicher nicht als moderne Vorkämpferin für Frauenrechte ansehen, nur weil sie für ein selbstbestimmtes Leben gekämpft hatte. Dass ausgerechnet sie sich über Blaustümpfe, wie man damals gebildete Frauen abwertend nannte, lustig machte, ist besonders verwunderlich. Gerade Ende der 1880er-Jahre, zu einer Zeit, in der Elisabeth selbst zahlreiche Gedichte verfasste, wurden Frauen mit ähnlichen Interessen als Blaustrümpfe verspottet. So schrieb der Journalist und Schriftsteller Oskar Blumenthal folgendes Gedicht mit dem Titel „Blaustrumpf":

All Eure poet'schen Siebensachen
Ich schätze sie nicht ein Pfifferlein
Nicht sollen Frauen Gedichte machen
Sie sollen versuchen, Gedichte zu sein.

... volksnah und beliebt?

Wie wurde Elisabeth eigentlich von ihren Zeitgenossen gesehen? War sie die volksnahe, beliebte und umjubelte Kaiserin wie wir sie aus den Filmen kennen?

Historische Zeitungsmeldungen zeigen ganz deutlich, dass Elisabeth zu ihren Lebzeiten nicht die allseits beliebte, umjubelte schöne Kaiserin war, die Titelseiten füllte. Tatsache ist, dass über Elisabeth, die sich sehr früh ihrer öffentlichen Rolle als Kaiserin entzog und in den letzten Jahren selten in Wien weilte, auch nur selten berichtet wurde. Man wusste wenig vom Leben der Kaiserin, sah sie nur mehr selten bei öffentlichen Anlässen und erklärte ihre Zurückgezogenheit mit ihrem angegriffenen Gesundheitszustand. Da die Zeitungen innerhalb der Monarchie außerdem einer strengen Zensur unterlagen, war eine offene kritische Auseinandersetzung mit der Kaiserin kaum möglich. Kaiser Franz Joseph nahm hier die weitaus wichtigere Rolle ein; der „gute alte Kaiser“ war in den Herzen der Bevölkerung verankert, ihm galt die ganze Sympathie. Das zeigt auch die öffentliche Reaktion nach dem Tod der Kaiserin, in der das Mitgefühl vor allem dem Kaiser galt, der einen neuerlichen schweren Schicksalsschlag zu verkraften habe. In aristokratischen Kreisen zeigte man wesentlich deutlicher sein Missfallen über das völlige Desinteresse der Kaiserin, ihre monarchischen Aufgaben zu erfüllen, und ihre persönlichen Interessen in den Vordergrund zu stellen. Sie hasste es, zu repräsentieren, ein vorgeschriebenes Tagesprogramm zu haben, sich mildtätig und am Schicksal ihrer Untertanen interessiert zu geben. Als die Eröffnung der Hofoper 1869 extra für sie kurzfristig um zwei Tage verschoben wurde, da die Kaiserin noch nicht aus Gödöllö abreisen wollte, sie dann aber trotzdem nicht erschien, wurde ihr das auch von der breiten Öffentlichkeit äußerst übel genommen. Beispiele wie diese führten jedenfalls dazu, dass die Kaiserin zu ihren Lebzeiten weder beliebt noch umjubelt war.

Das Kaiser- und Kronprinzenpaar im Schlosspark von Laxenburg.
Gemälde von Carl Schweninger, 1887.

Seite 157: Kaiserin Elisabeth. Posthumes Porträt von Gyula Benczúr.

Seite 158/159: Hofball in der Wiener Hofburg.
Aquarell von Wilhelm Gause 1906.

... förderte ihren Mythos?

Heute verbindet man mit „Sisi" die Erinnerung an eine wunderschöne extravagante Kaiserin und beinahe jeder kennt die entzückende junge Romy Schneider aus den berühmten „Sissi"-Filmen der 1950er Jahre. Doch wie entstand dieser „Mythos Sisi"? Wie kam es, dass aus einer historisch eher unbedeutenden Person, für die sich Zeitgenossen nur wenig interessierten, posthum eine solche Ikone wurde?

Die Ermordung der Kaiserin trug mit Sicherheit ganz entscheidend zur Entstehung dieses Mythos bei, den Elisabeth allerdings schon zu Lebzeiten durch ihren unkonventionellen Lebensstil gefördert hatte. Ab ihrem 30. Lebensjahr ließ sich Elisabeth nicht mehr fotografieren, ab dem 41. nicht mehr malen; sie führte ein zurückgezogenes, extravagantes, aber dennoch unglückliches Leben, an dessen Ende ihre tragische Ermordung stand. So unbeliebt die Kaiserin zu Lebzeiten gewesen war, da man ihr ihren exaltieren Lebensstil und ihre Weigerung, ihre Verantwortung als Kaiserin von Österreich wahrzunehmen, übelnahm, so schnell änderte sich die Situation nach ihrem Tod. Man erkannte, dass sich die Geschichte der jungen, schüchternen Prinzessin – die plötzlich Kaiserin wurde, sich als freiheitsliebende Persönlichkeit strengen Hierarchien und höfischem Zeremoniell bei Hof nur schwer unterordnen konnte, sich zu einer wunderschönen und selbstbewussten Frau entwickelte, die aus diesem goldenen Käfig ausbrach und ihr eigenes unabhängiges Leben zu leben begann, dennoch unglücklich war und tragisch ums Leben kam – gut vermarkten lässt. So wurde Elisabeth posthum zur verehrten, selbstlosen und guten Kaiserin stilisiert. Eine kritische Auseinandersetzung mit ihrer ambivalenten Persönlichkeit, ihrer Egozentrik und Egomanie, wurde völlig ausgeklammert und damit ein verfälschtes Bild weitergegeben.

Kronprinz Rudolf

... politischer Hoffnungsträger?

Der 1858 geborene Kronprinz gilt als einer der begabtesten Habsburger, in den große Hoffnungen für die Zukunft der Vielvölkermonarchie gesetzt wurden, die jedoch sein tragischer früher Tod in Mayerling jäh zerstörte. Doch wurde bzw. wird Rudolf zu Recht als politischer Hoffnungsträger angesehen?

Auf Betreiben seiner Mutter hatte er eine bürgerlich-liberale und wissenschaftlich orientierte Ausbildung erhalten und sich zu einem liberalen, vielseitig interessierten und aufgeschlossenen Mann entwickelt. Seine Erziehung sowie sein privates Umfeld hatten Rudolf zu einem kritisch denkenden, weltoffenen Menschen geformt. Seine politischen Ansichten waren demnach auch von Beginn an diametral zu jenen seines Vaters und somit der offiziellen Politik des Kaiserhauses entgegengesetzt. Er erkannte nicht nur die in der Monarchie vorherrschende Stagnation bzw. Reaktion, sondern kämpfte anfangs sogar mutig dagegen an. Dem Kaiser waren die wenigen Gedanken, die er von seinem Sohn wahrnahm, suspekt, und so hielt er ihn mit allen Mitteln von wichtigen Positionen fern. In seinen Artikeln – die anonym erschienen – bekämpfte er die in seinen Augen reaktionäre Politik seines Vaters, propagierte eine Annäherung an Frankreich, eine friedliche Lösung mit Russland in der Balkanfrage und vor allem die Aufgabe des Bündnisses mit Deutschland. Er blickte mit engagierten Visionen in die Zukunft und sah in der Habsburgermonarchie Victor Hugos Traum der „Vereinigten Staaten von Europa“ in Miniaturform verwirklicht. Aus diesem Grund sollte sich Österreich seiner

Kronprinz Rudolf in Jagdkleidung. Foto, um 1886.

Meinung nach mit den westlichen Demokratien zusammenschließen, da nur dort „wahrer“ Liberalismus herrsche. Er bedauert die zunehmenden Gegensätze der verschiedenen Nationalitäten und die aufflammenden nationalen Gefühle, ohne jedoch ein Konzept zu einer Lösung oder Überlegungen zur Gleichberechtigung der Nationalitäten bieten zu können. Hier wird Rudolfs Ambivalenz bei einem der entscheidendsten Probleme der Vielvölkermonarchie offenkundig: Auf der einen Seite zeigte er Verständnis und Sympathie für die Völker Österreichs in ihrer Vielfalt, für das Streben der nationalen Bewegung jener Zeit jedoch politisches Unverständnis. Rudolfs Anliegen war nicht die Lösung des Nationalitätenproblems, seine Vision war ein liberales Großösterreich und seine Kulturmission auf dem Balkan, dem europäischen Orient. So verteidigte Rudolf auch die österreichische Annexion Bosnien-Herzegovinas im Jahre 1878, die seiner Meinung nach von England und Frankreich falsch verstanden wurde. Bei seinem Treffen mit Georges Clemenceau, das im Dezember 1886 heimlich in der Hofburg stattfand, meinte er dazu: „... und doch ist es unsere schönste Mission, Kultur nach dem Osten zu tragen.“[135] Dass im Kulturauftrag das vorrangige und zielführende Wesen und Wirken der Donaumonarchie liege, mutet eher idealistisch und beinahe naiv an. Rudolfs Vision war also von Idealismus geprägt und hatte mit Realpolitik wenig zu tun. Auch er hatte also kein Programm, wie der Nationalitätenkonflikt innerhalb der Vielvölkermonarchie dauerhaft zu lösen wäre.
Hinzu kommt, dass Rudolf – trotzdem sein jahrelanger Kampf um eine Aufgabe, die seinen Fähigkeiten entsprochen hätte, von seinem Vater ignoriert wurde – Zeit seines Lebens absolut loyal zu seinem Vater stand. Er nahm kein einziges Mal öffentlich gegen ihn Stellung, sondern empfand im Gegenteil seinen Vater trotz allem als unnahbares Idol und nahm alle Missachtungen, Kränkungen und Demütigungen hin. Bis zu seinem Tod kritisierte er zwar – einigen wenigen Vertrauten gegenüber – die Po-

Kronprinz Rudolf mit seiner Gemahlin Stephanie von Belgien. Fotografie von Carl Pietzner.

litik seines Vaters, er hatte jedoch nie den Mut bzw. sah es als vollkommen unmöglich an, gegen ihn aufzutreten. Bis zu seinem Tod entsprach Rudolf bedingungslos allen väterlichen Anweisungen und stimmte sogar jeden seiner öffentlichen Schritte mit Franz Joseph ab. Er nahm den unbedingten Gehorsam seinem Vater gegenüber demnach nicht nur ernst, sondern empfand jegliches Zuwiderhandeln sogar als Verrat und verurteilte Verwandte, die dies taten, auf das Schärfste.

Sein gescheiterter Kampf um Anerkennung durch den kaiserlichen Vater machte aus dem 30-jährigen Rudolf schließlich einen verzweifelten, resignierten und zerstörten Menschen. An seinen Vertrauten Graf Latour schrieb er: „Ich sehe die schiefe Ebene, auf der wir abwärtsgleiten, stehe den Dingen sehr nahe, kann aber in keiner Weise etwas thun, darf nicht einmal laut reden, das sagen, was ich fühle und glaube.“[136]

Bei der Frage ob Rudolf zu Recht als die große Hoffnung für die Zukunft der österreichisch-ungarischen Monarchie angesehen wurde und wird, darf auch Folgendes nicht vergessen werden: Auch wenn Rudolfs politische Visionen heute teilweise als zukunftsweisend angesehen werden können, so darf man diese nicht isoliert betrachten. Abgesehen davon, dass es fraglich ist, ob selbst Rudolf die verkrusteten Strukturen so schnell hätte verändern können, bleibt die Tatsache, dass die politische Entwicklung der Zeit in eine völlig andere Richtung ging. Selbst ein Kaiser Rudolf hätte den aufflammenden Nationalismus nicht ignorieren und negieren können, der schließlich zum Ende der Monarchie führte.

... zahllose Geliebte?

Hatte der Kronprinz sowohl vor als auch während seiner Ehe zahlreiche Affairen, die stadtbekannt waren?

Seine ersten Erfahrungen machte der Kronprinz, wie damals in seinen Kreisen üblich, mit Prostituierten. In einem kleinen Notizbüchlein notierte er im Sommer des Jahres 1872: „300 fl pfutsch, 500 fl pfutsch ... Alles Gute nicht möglich wegen verschiedenen Verhältnissen, nur eine Blondinen angepirscht, von Ehre sie gesprochen, um mehr als 5 fl aus mir herauszudrücken, ich nicht eingegangen, abgeschlossen. Morgen Gut Sport auf ein anderes Blondes Fräulein viel ... wahrscheinlich 20 fl theurer. ... heute Abends 24. am Beginn der Kastanienallee ein blondes Fräulein lang gesprochen, sie endlich angepackt, sie mir entwischt, ich habe Kleider aufgehoben etc 5 fl ihr heute gezahlt, sie für morgen ½ 8 abends wieder vor den Stall bestellt, morgen! für 20 Gulden tut sie alles.“[137] Ein weiterer Eintrag ist „Louisa, Balldirne von Profession“ gewidmet: „Tete a Tete mit Louisa in Pest ... sehr hübsch, beinahe wirkliche Schönheit.“[138] Seine „erste Liebe“ war dem Hoftratsch zufolge die Burgschau-

spielerin Johanna Buska, die elf Jahre älter war als der Kronprinz und vermutlich als „Einlernerin“ fungierte. Rudolf zeigte sich jedenfalls von frühester Jugend an der Damenwelt durchaus nicht uninteressiert und hatte nicht zuletzt durch den einschlägigen Einfluss seines Obersthofmeisters Charly Bombelles Ende der 70er-Jahre zahlreiche Liebschaften. Vor allem gemeinsam mit Prinz Leopold, dem jüngsten Sohn Königin Viktorias, scheint Rudolf einige Liebesabenteuer erlebt zu haben. So schrieb ihm Leopold im Februar 1878: „Die arme Langtry (?) wird viele Thränen vergießen, fürchte ich, beim Abschied – Lasse Dich nur nicht ertappen …“, und einige Wochen später: „Mein lieber Rudolf, Wie geht es nach unserer ‚Mords-orgie‘ in Paris? Wie geht es mit der schönen ‚Layarine‘? Ich hoffe so, dass Du bald hier kommen werdest ... Wir haben es hier während des Faschings sehr lustig. Wir haben alle möglichen Verrücktheiten gemacht. Gestern bin ich als Domino verkleidet bei einem Maskenball in der Oper gewesen und hatte ein Abenteuer mit einer charmanten kleinen Amerikanerin … Ich bitte Dich, komm sobald als möglich. Es gibt viele hübsche Frauen ganz nach deinem Geschmack …“[139]
Als nun für den Kronprinzen eine Frau gefunden werden sollte, stellte sich heraus, dass er äußerst wählerisch war und ihm keine der in Frage kommenden Prinzessinnen zusagte. Seine Cousine Marie Larisch wunderte sich nicht über die hohen Ansprüche des Kronprinzen „… durch seine vielen Abenteuer mit schönen und geistvollen Frauen war sein Geschmack ganz besonders empfindlich geworden. Es ist daher nicht verwunderlich, daß er alle diese unschönen und geistlosen jungen Mädchen zurückwies, die man ihm als geeignete Bräute vorschlug.“[140] Das Problem einer standesgemäßen Heirat, die die Auswahl eklatant einschränkte, sollte auch der spätere Thronfolger Franz Ferdinand haben, der sich darüber bitter beklagte: „Es ist ja ein Unglück, daß es gar keine Auswahl unter den heiratsfähigen Prinzessinnen gibt; lauter Kinder, lauter siebzehn- oder acht-

Nahm die Selbstmord-Andeutungen Rudolfs ernst: Mizzi Caspar, die langjährige Geliebte des Kronprinzen.

zehnjährige Piperln, eine schiecher als die andere.[141] Und: „Wenn unsereiner jemand gern hat, findet sich immer im Stammbaum irgendeine Kleinigkeit, die die Ehe verbietet, und so kommt es, daß bei uns immer Mann und Frau zwanzigmal miteinander verwandt sind. Das Resultat ist, daß von den Kindern die Hälfte Trottel und Epileptiker sind."[142] Doch eine morganatische Ehe – wie es Franz Ferdinand schließlich durchsetzte – war für einen Kronprinzen völlig ausgeschlossen. So willigte Rudolf schließlich ein, Stephanie von Belgien zu heiraten, nicht ohne bei seinem Antrittsbesuch in Belgien für einen Skandal zu sorgen, indem er demonstrativ mit seiner Geliebten anreiste. Die Verlobung wäre durch diesen Affront beinahe geplatzt.

Die anfangs bemüht harmonische Ehe des Kronprinzen scheiterte vor allem am unterschiedlichen Charakter der beiden Persönlichkeiten, die schließlich in krassem Gegensatz zueinander standen. Stephanie war betont standesbewusst, liebte Repräsentation und zeremonielles Hofleben – Rudolf hingegen kannte keine Standesdünkel und fühlte sich in ungezwungener Atmosphäre, die er vor allem in einfachen Vorstadtlokalen fand, am wohlsten. Mit seiner zeremoniösen und steifen Frau, war das unmöglich. Stephanie hasste volkstümliche Vergnügungen, nur einmal ließ sie sich von Rudolf überreden, ihn bei seinen Heurigenausflügen zu begleiten, worüber sie später verächtlich schrieb: „Nur einmal ließ ich mich dazu herbei, ihn, als fesches Bürgermädel verkleidet, zu begleiten. Zunächst erschien mir solches Unternehmen nicht ohne Reiz. War ich aber schon einigermaßen erstaunt, wie wenig der Kronprinz dabei die Vorsichtsmaßregeln des Inkognito beachtete, so war meine Enttäuschung erst recht groß, als wir die verschiedenen Cafés chantants und andere fragwürdige Lokale in und außerhalb der Stadt zusammen aufsuchten. Die Luft war überall erstickend; ein Geruch von Knoblauch, schlechtem Fett, Wein und Tabak betäubte mich. Man saß bis zum Morgengrauen an ungedeckten, schmutzigen Tischen, neben uns spielten Fiakerkutscher Karten, pfiffen und sangen. Man tanzte, Mädchen sprangen auf Tische und Sessel und sangen immer wieder die gleichen sentimental-ordinären Schlager, die ein furchtbares Orchester nicht müde wurde zu begleiten. Gern hätte ich mich darüber amusiert, aber den Aufenthalt in dieser verrauchten Kneipe fand ich zu abstoßend, unwürdig und noch dazu langweilig. Ich begriff nicht, was der Kronprinz daran fand.“[143] Stephanie hatte es zu diesem Zeitpunkt schon aufgegeben, die verständnisvolle Ehefrau zu spielen und zog sich demonstrativ zurück. So unternahm Rudolf seine nächtlichen Ausflüge also vorzugsweise in Begleitung seiner langjährigen Geliebten, der bekannten Wiener Edelprostituierten Mizzi Caspar. Die aus Graz stammende

Mizzi Caspar war als begehenswerte und ausnehmend schöne Frau bekannt, vor allem aber entsprach sie dem Typus des „Wiener Mädls“ und war unkompliziert, charmant, lustig und sinnlich. Doch nicht nur das, Mizzi scheint die einzige Frau in Rudolfs Leben gewesen zu sein, zu der er eine echte innige Bindung aufbauen sollte. Kennengelernt hatte er sie 1886 über Vermittlung der stadtbekannten Kupplerin Johanna Wolf, die damals Wiens nobelstes Bordell leitete. Auch wenn Mizzi Caspar mit ihrer Beziehung zum Thronfolger den „Salon“ von Frau Wolf verließ, blieb sie stets mit ihr in engem Kontakt. Kurz nachdem sie Rudolf kennengelernt hatte, kaufte „sie“ sich ein Haus im 4. Bezirk und begleitete Rudolf auch auf seine militärischen Reisen. Bei Mizzi Caspar konnte Rudolf sich gehen lassen, sich entspannen und unbeschwerte Abende und Nächte – meist in Heurigenlokalen verbringen. Doch Rudolf hatte neben Mizzi noch weitere Affairen. Unter anderem mit Helene Vetsera – der Mutter seiner letzten Geliebten Mary –, Elise Pusswald, Lina Stern, Rosa Potocka, Mina Pick, Anna Glaser, mit der jungen Gattin eines Börsenspekulanten und im Sommer 1888 mit der Industriellengattin Annie Kuranda.

Weder seine Bordellbesuche noch seine Affairen blieben unbemerkt, wurden doch alle Mitglieder des Kaiserhauses vom Informationsbüro überwacht und bespitzelt: „Er erscheint öfter I. Nibelungengasse 4, wo hübsche junge Damen wohnen sollen, in Begleitung des Grafen Larisch (Wallersee)“ wusste Informant Ignaz zu berichten.[144] Informant Breitfeld ergänzte in damals bereits gängiger und geduldeter antisemitischer Tonart: „Die Kupplerin Mme. Wolff, Nibelungengasse 4, eine freche Jüdin, schreit den Herrn Kronprinzen als einen ihrer besten Kunden aus. Sie bezeichnete eine gewöhnliche Dirne Namens Julie Kovacs (Getreidemarkt 15) unlängst einem Cavalire gegenüber als die ‚Favoritin‘ unseres Kronprinzen.“[145] Nur Annie Kuranda sorgte für Erstaunen: „Frau Kuranda, Gattin des Directors der ‚Adria‘, soll trotz ihrer dreißig und etliche Jahre es verstanden

haben das lebhafte Interesse einer sehr hohen Persönlichkeit [Kronprinz Rudolf] für sich zu erwecken.“[146]
Wie alltäglich und wenig Aufsehen erregend das Verhältnis einer verheirateten Frau mit dem Kronprinzen war, wie sehr man davon profitieren konnte, vor allem aber die Tatsache, dass viele Ehemänner offenbar kein Problem damit hatten, sondern den damit verbundenen finanziellen und gesellschaftlichen Aufstieg schätzten, zeigt folgender Bericht Lübecks: „Hofphotograph Krziwanek erzählt seinen vertrauten Freunden, dass er seine, nun angenehme, Position nur seiner Frau, die vor etwa 2 Jahren Gnade vor den Augen Sr kais. Hoheit des Kronprinzen gefunden, zu verdanken habe. Er schildert auch die Details, wie der hohe Besuch in seinem Atelier stattgefunden, der Obersthofmeister fortgeschickt u.s.w. Er habe sowohl den Hoftitel als auch seine Villa in Ischl der hohen Protektion zu verdanken.“[147]

... an Syphilis erkrankt?

Immer wieder ist zu lesen, dass sich Rudolf mit Syphilis ansteckte und die Krankheit einer der Gründe seines Selbstmordes gewesen sein.

Eines ist richtig: Rudolfs reges Liebesleben blieb nicht ohne Folgen. Am 16. Februar 1886 wurde bei ihm Gonorrhöe (Tripper) diagnostiziert. Offiziell sprach man – der Doppelmoral der Zeit entsprechend – von Gelenksentzündung, Blasenkatharr oder Bauchfellentzündung. Gonorrhöe war die damals weitest verbreitete Geschlechtskrankheit noch vor der Syphilis. Schon 1867 hatte jedoch der französische Arzt Philippe Ricord entdeckt, dass es sich dabei um eine eigenständige Krankheit handelte, die nichts mit der Syphilis zu tun hatte. Bis dahin waren beide Krankheiten unter der Bezeichnung Morbus venerus zusammengefasst worden. Diese „Geheime Krankheiten“ betrafen alle Gesellschaftsschichten vom einfachen Arbeiter bis zum

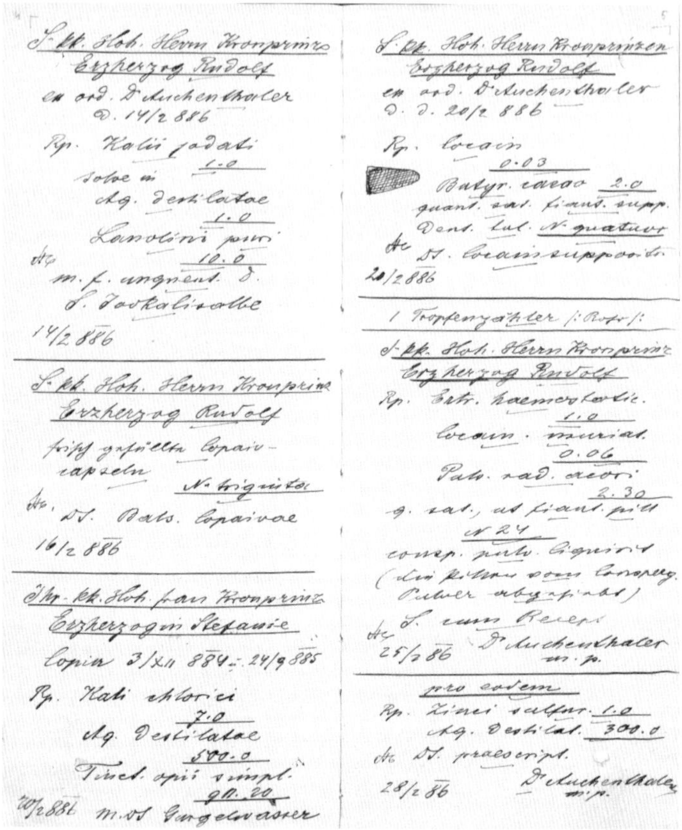
S. kk. Hoh. Herrn Kronprinz
Erzherzog Rudolf
ex ord. Dr Auchenthaler
D. 14/2 886
Rp. Kalii jodati
1.0
solve in
Aq. destillatae
1.0
Lanolini puri
10.0
m. f. unguent. d.
S. Jodkalisalbe
14/2 886

S. kk. Hoh. Herrn Kronprinz
Erzherzog Rudolf
frisch gefüllte Copaiv-
capseln
No triginta
D. S. Bals. Copaivae
16/2 886

Ihr. kk. Hoh. Frau Kronprinz
Erzherzogin Stefanie
Copia 3/XII 884 – 24/9 885
Rp. Kali chlorici
7.0
Aq. destillatae
500.0
Tinct. opii simpl.
gtt. 20
20/2 886 m. D. S. Gurgelwasser

S. kk. Hoh. Herrn Kronprinzen
Erzherzog Rudolf
ex ord. Dr Auchenthaler
D. d. 20/2 886
Rp. Cocain
0.03
Butyr. cacao 2.0
quant. sat. f. supp.
Dent. tal. No quatuor
D. S. Cocainsuppositor.
20/2 886

1 Tropfenzähler (Rohr)

S. kk. Hoh. Herrn Kronprinz
Erzherzog Rudolf
Rp. Extr. haemostatic.
1.0
Cocain. muriat.
0.06
Pulv. rad. ireos
2.30
q. sat. ut fiant pill.
No 24
consp. pulv. liquirit.
(die Pillen vom Consperg. Pulver abzusieben)
S. zum Reisen
25/2 86 Dr Auchenthaler m. p.

pro eodem
Rp. Zinci sulfur. 1.0
Aq. destillat. 300.0
D. S. praescript.
28/2 86 Dr Auchenthaler m. p.

Rezepte vom Februar 1886 für die Tripperbehandlung des Kronprinzen aus dem Rezeptbuch der Hofapotheke: „frisch gefüllte Copaiv-capseln“ (links mitte) und „Cocain“-Zäpfchen (rechts oben).

Kaiserhaus und wie verbreitet sie waren, zeigen seitenweise Inserate von Ärzten und selbsternannten „Spezialisten“ für „Geheime Krankheiten“ in allen Zeitungen und Zeitschriften der Zeit. Statistiken zeigen, dass sich damals jeder 5. Mann mindestens einmal in seinem Leben mit Tripper infizierte. Rudolfs behandelnder Arzt verschrieb 30 Gelatinekapseln mit Copaivabalsam gefüllt, die entzündungshemmend wirkten; zusätzlich erhielt Rudolf Cocainzäpfchen und Morphiumpulver gegen die Schmerzen.[148] Die Tripperinfektion kann jedoch keinesfalls als Rudolfs „Anfang vom Ende" bezeichnet werden.[149] Der Prozentsatz der an Gonorrhoe erkrankten Bevölkerung war extrem hoch, eine medizinische Heilung war zwar damals noch nicht möglich, jedoch eine schmerzlindernde und desinfizierende Behandlung, die dazu beitrug, dass der Körper bei Schonung schließlich meist selbst mit der Infektion fertig wurde. Zudem wurde Gonorrhoe eher als Kavalierskrankheit denn als Todesurteil angesehen.

Klar widerlegen lässt sich die bis heute immer wieder geäußerte Behauptung, Rudolf wäre an Syphilis erkrankt. Aus den Rezeptbüchern der Hofapotheke geht eindeutig hervor, dass Rudolf niemals gegen Syphilis behandelt wurde, sondern definitiv nur gegen Tripper. Syphilis wurde damals ausschließlich mit langwierigen Quecksilberschmierkuren behandelt, in den Rezeptbüchern für Rudolf aus den Jahren 1874 bis 1898 findet sich jedoch lediglich die regelmäßige Verschreibung einer niedrig dosierten Quecksilbersalbe – ein permanent wiederkehrendes Rezept in allen Büchern der Hofapotheke. Schon allein die verordnete Menge – 10 g – konnte niemals für eine anitluetische Schmierkur ausreichen, bei der der ganze Körper behandelt wurde. Es handelte sich dabei vielmehr um ein ständig und der gesamten Familie Habsburg verschriebenes Rezept gegen chronische Augen- bzw. Bindehautentzündungen. Daher kann eine Syphilisbehandlung und somit auch Erkrankung des Kronprinzen de facto ausgeschlossen werden. Auch der von manchen Historikern geäußerte Verdacht, dass die betreffenden Seiten aus den Rezeptbüchern entfernt wurden, entspricht nicht den Tatsachen. Außerdem wurden eindeutige Behandlungen gegen Syphilis wie im Fall Erzherzog Ottos auch nicht vertuscht. Da der Unterschied zwischen Syphilis und Gonorrhoe bereits seit 1867 bekannt war und die Krankheiten auch spezifisch unterschiedlich behandelt wurden, ist auch auszuschließen, dass Rudolf befürchtete, an Syphilis erkrankt zu sein. Die Vermutung,

dass seine Hoffnungslosigkeit auf das bei Syphilis zu erwartende Siechtum sowie geistige Verwirrung zurückzuführen ist, ist daher haltlos.
Zudem blieb es nicht bei Rudolfs Erkrankung. Der Kronprinz steckte seine Frau Stephanie an – auch eindeutig mit Tripper. Da die Infektion bei Frauen allerdings zunächst nahezu unbemerkt und vor allem schmerzfrei verläuft, bemerkte sie ihre Erkrankung erst Wochen später. Rudolf war mit seiner Frau zur Erholung nach Lacroma gereist, wo Stephanie an Bauchfellentzündung – einer äußerst schmerzhaften Folge der Gonorrhoe erkrankte. Wie damals üblich, wurde Stephanie jedoch nicht über die wahre Ursache ihrer Erkrankung informiert. Viele Jahre später schrieb sie in einem erst 1978 veröffentlichen Manuskript ihrer Memoiren: „Ich selbst ahnte den Grund meines Leidens nicht. Auf hohen Befehl wurde alles vertuscht, die Ärzte auf Schweigen beeidigt. Erst später entdeckte ich und erfuhr ich, daß der Kronprinz an meinem Leiden schuld war. Auch ihn hatte die furchtbare Seuche erfaßt, die noch vor niemandem Halt macht, sofern ihr Leichtsinn oder fluchwürdiges Erbe Tür und Tor öffnet."[150] Der Aufenthalt des Kronprinzenpaares wurde bis Mai 1886 verlängert, tragische Folge der Erkrankung war die Unfruchtbarkeit der Kronprinzessin.

... morphiumsüchtig?

In der bisherigen Literatur wurde aus den Reihen des Kaiserhauses ausschließlich Rudolf mit Drogen – in erster Linie mit Morphium – in Zusammenhang gebracht. Doch war Rudolf tatsächlich morphiumabhängig und ließ es sich heimlich von seinem Kammerdiener besorgen?

Tatsache ist, dass Rudolf nicht mehr Alkaloide verschrieben wurden als anderen Mitgliedern der kaiserlichen Familie, sondern – vor allem im Vergleich zu seinem Cousin Erzherzog

Franz Ferdinand – eher weniger und dies auch nur über einen kurzen Zeitraum, nämlich im Zuge seiner Tripperkrankung, und noch einmal im Jahre 1887 zur Behandlung einer schweren Bronchitis. Anlässlich einer Reise nach Berlin im März 1887 schrieb er an Stephanie: „Meinen Husten kann ich nicht los werden, oft hört es für viele Stunden auf, dann kommen wieder förmliche Krämpfe, die besonders bei Diners und dergleichen Sachen sehr lästig sind. Ich bekämpfe das mit Morphin, was an und für sich schädlich ist. In Abbazia werde ich mir das abgewöhnen ..."[151] Nachdem die Bronchitis ausgeheilt war, wurde Rudolf kein Morphium mehr verschrieben. Daher ist die Behauptung, dass sich aus der Morphinbehandlung des Kronprinzen eine Morphinsucht entwickelt hätte, zu hinterfragen. Morphium wirkt ähnlich wie Opium, ist aber weniger erregend, weniger verstopfend und nicht schweißtreibend. Der orale Gebrauch Morphiums gab auf Grund der geringen präzisen Wirkung sehr selten zum Missbrauch Veranlassung, jedenfalls weit seltener als bei der Anwendung durch Injektionen. Die subkutane Injektion, oder die, wie sie damals hieß, hypodermatische Einspritzung war bereits seit 1855 bekannt. Dazu wurden Injektionsspritzen aus Glas mit 1 Kubikzentimeter Inhalt verwendet. In den Rezeptbüchern der Hofapotheke findet sich jedoch keine einzige Verschreibung für Morphiuminjektionen. Bei starken Schmerzzuständen verschrieben die Ärzte ausschließlich Morphiumpulver, Morphiumzäpfchen oder Morphiumtinkturen. Dies galt jedoch nicht nur für Rudolf. Ebenso häufig nahmen auch sein Vater und seine Mutter dieses Alkaloid, ohne dass man sie als Morphinisten bezeichnet hätte. Allein der „Berliner Börsenkurier" berichtete am 24. Februar 1889, nach Rudolfs Tod, dass der Kronprinz „in letzter Zeit öfter über Kopf- und Gelenkschmerzen geklagt und daher immer öfter zu Morphium gegriffen habe, ohne dass die Ärzte davon gewusst hätten."[152] Da Morphium nicht als Droge im heutigen Sinn angesehen wurde, ist es aus heutiger Sicht eher unlogisch, dass

Rudolf sich Morphium heimlich besorgt hätte. Die Mitglieder des Kaiserhauses erhielten – auch über einen längeren Zeitraum – bedenkenlos von Cannabis über Codein, Cocain und Morphium bis zu Heroin alle damals zu Verfügung stehenden Alkaloide. Rudolf hätte es demnach nicht notwendig gehabt, sich Morphium heimlich über seinen Kammerdiener zu besorgen. Auch Beschreibungen Rudolfs in den Jahren 1888 und 1889 durch sein engstes Umfeld sprechen gegen seine angebliche Morphinsucht. Charakteristisch sind mangelndes Pflichtgefühl, äußerliche Verwahrlosung, Konzentrationsschwierigkeiten, Desorientiertheit – und fehlender Geschlechtstrieb. All diese Symptome treffen auf Rudolf definitiv nicht zu, womit eine Morphinsucht des Kronprinzen faktisch ausgeschlossen werden kann.

Der einzige Fall einer drohenden Suchtgefahr bzw. bereits existierenden Sucht bestand – zumindest für die damaligen Ärzte – im Fall der Erzherzogin Elisabeth Marie – Rudolfs Tochter. So veranlasste Hofarzt Dr. Biehl, der sich offenbar Sorgen über „Erzsis“ Codein-Konsum machte, im Jahre 1909 in den Hofrezeptbüchern folgende Eintragung: „Über Auftrag des Herrn Doc. Dr. Biehl ist für Frau Fürstin Elisabeth zu Windisch-Graetz unter keinen Umständen mehr Codein zu expedieren, sondern Anaesthesin Tabletten in Goldschachteln umgefüllt und signiert ‚Anfallsweise bis vier Stück täglich‘“. [153]

Die angebliche Drogensucht Rudolfs kann also kein Mitauslöser für seinen Selbstmord gewesen sein. Rudolf wird bis heute immer wieder als psychisch zerrüttet und von Alkohol und Drogen gekennzeichnet dargestellt. Ersteres mag zutreffen – sein persönlicher Konflikt mit seinem kaiserlichen Vater hatte ihn zunehmend belastet, seine Stellung bei Hof war hoffnungslos. Alkohol konsumierte Rudolf jedoch nicht dermaßen exzessiv, dass man von Alkoholsucht sprechen könnte, und die Quellen sprechen auch niemals davon, dass Rudolf Alkohol gemeinsam mit Drogen wie Morphium oder Codein genom-

men hätte, sondern es wird „nur" berichtet, dass Rudolf Cognac mit eisgekühltem Champagner gemischt trank. Auch Stephanies Schwester schilderte in ihren Memoiren: „Die Haltlosigkeit, die Unzufriedenheit mit sich selbst, der Drang sich zu betäuben, trieb den Kronprinzen in der letzten Zeit zum Alkoholgenuß ..."[154]
Die Analyse der Hofrezeptbücher ergibt also eindeutig, dass der Kronprinz weder Syphilis hatte, noch annehmen musste, sich mit der tödlichen Geschlechtskrankheit angesteckt zu haben. Da auch die angebliche Drogenabhängigkeit nicht gegeben war, scheiden diese Faktoren als Mitauslöser für einen Selbstmord aus.

... Selbstmord aus unglücklicher Liebe zu Mary Vetsera?

Am 30. Jänner 1889 schockierte die Nachricht Europa: Der 30-jährige Kronprinz Rudolf wurde tot in Mayerling aufgefunden. War der Tod des Kronprinzen und seiner Geliebten, der jungen Baronesse Mary Vetsera, eine tragische Liebesgeschichte?

Die bis heute nicht vollständig geklärten Umstände seines Todes und die daraus resultierenden Legenden haben nachhaltig zu einer Mythenbildung beigetragen, die bis heute anhält. Dass sich Rudolf das Leben nahm, ist angesichts der Quellenlage, die am Tathergang selbst nur wenige Fragen offen lässt, anzunehmen. Rudolfs Kammerdiener Johann Loschek schilderte die Ereignisse im Jagdschloss Mayerling südlich von Wien am Morgen des 30. Jänner später folgendermaßen: „5 Minuten vor ¼ 7 Uhr früh kam Rudolf ganz vollständig angezogen zu mir in das Zimmer heraus und befahl mir, einspannen zu lassen. Ich war noch nicht im Hofe draußen, als ich zwei Detonationen hörte, ich lief zurück, der Pulvergeruch kam mir entgegen, ich stürmte zum Schlafzimmer, doch war es entgegen der Gewohnheit Rudolfs abgesperrt. Was nun machen, ich holte sofort Graf Hoyos, und mit einem Hammer bewaffnet, schlug ich die Türfüllung ein, so daß ich gerade mit der Hand hineinkonnte, um die Tür von innen aufzusperren. Welch grauenhafter Anblick – Rudolf lag entseelt auf seinem Bette ganz angezogen, Mary Vecsera ebenfalls auf ihrem Bette vollständig angekleidet. Rudolfs Armeerevolver lag neben ihm. Beide hatten sich überhaupt nicht schlafen gelegt. Beiden hing der Kopf herunter. Gleich beim ersten Anblick konnte man sehen, daß Rudolf zuerst Mary Vecsera erschossen hatte und dann sich selbst entleibte. Es fielen nur zwei wohlgezielte Schüsse. Die Anwesenheit einer dritten Person sowie dass Glasscherben im Kopfe Rudolfs steckten ist wie so vieles über Rudolfs Tod frei erfunden …“[155]

Doch warum nahm sich Rudolf mit 30 Jahren das Leben? Er war weder unheilbar krank noch drogenabhängig. Nahm er sich das Leben, da er für sich und seine Geliebte, die junge Baronesse Mary Vetsera, keine gemeinsame Zukunft sah?

Dass Rudolf am Ende seines Leben, weder durch Krankheit, Alkohol oder Drogen psychisch zerrüttet noch geistig verwirrt war, zeigt sich auch an seinen Abschiedsbriefen, die klar formuliert und in entschiedener Schrift verfasst sind. Marie Valerie, die den Abschiedsbrief an ihre Mutter gelesen hatte, betonte sogar, dass der Brief vollkommen klar und voll Liebe und Dankbarkeit für sie verfasst sei.

Fest steht, dass Rudolf bereits im Sommer 1888 die Absicht hatte, sich das Leben zu nehmen. Der Polizeiagent Dr. Florian Meißner, der in Mizzi Caspars Kupplerin Johanna Wolf eine bereitwillige Informantin gefunden hatte, wusste zu berichten, dass Rudolf bereits damals mit Mizzi mehrmals über einen Doppelselbstmord gesprochen hatte: „Vom ‚Erschießen‘ sprach K.R. seit Sommer 1888. Er machte auch der Mizi den Vorschlag, sich mit ihm im Hußaren-Tempel zu erschießen. Mizi lachte darüber u. glaubte es auch nicht, als er ihr … sagte, er werde

Marie „Mary“ Freiin Vetsera im Faschingskostüm. Foto, 1888.

sich in Mayerling erschießen ... K.R. äußerte sich Mizi gegenüber wiederholt – aber immer erst seit dem Sommer 1888 – es erheische seine Ehre, dass er sich erschieße. Warum es seine Ehre erheische, detailirte er nicht näher."[156] Mizzi Caspar machte sich sogar so große Sorgen, dass sie Rudolfs Absichten beim Polizeipräsidenten meldete. Ihre Aussage wurde protokolliert, hatte jedoch keinerlei Konsequenzen. Dass dieser Polizeiakt sogar in diplomatischen Kreisen bekannt war, bestätigte der deutsche Botschafter Prinz Reuß, der ebenfalls nach Berlin meldete, dass Rudolf vorgehabt habe sich mit Mizzi umzubringen. Demzufolge lagen die Gründe für Rudolfs Selbstmord weder in eventuellen kompromittierenden politischen Verwicklungen im Jänner 1889, noch im angeblich gescheiterten Versuch, seine Ehe mit Stephanie auflösen zu lassen. Auch die Vermutung, dass er sich aus Liebe zu Mary das Leben nahm, da er keine gemeinsame Zukunft mit ihr sah, ist damit auszuschließen – umso mehr, als er die Nacht – bevor er nach Mayerling fuhr, bei Mizzi Caspar verbrachte, sie, wie dem Konfidenten des Informationsbüros zu entnehmen ist, erst um 3 Uhr früh verließ[157] und ihr zudem einen, wie Rudolfs Freund Josef Graf Hoyos es formulierte, „vor Liebe überschäumenden" Abschiedsbrief schrieb. Hoyos war überhaupt überzeugt, dass der Selbstmord des Kronprinzen nichts mit Mary Vetsera zu tun hatte: „Es wäre ein großer Irrthum, zu glauben, der Kronprinz sei aus unglücklicher Liebe in den Tod gegangen … Sowohl der gewaltsame Tod des Kronprinzen als jener der Baronesse Marie Wecsera waren schon vorher zusammen beabsichtigt. Daß der durchl. Kronprinz in dieser Richtung von einer förmlichen Manie geplagt war, erhellt daraus, daß er an seine Umgebung, wie den Herrn Erzherzogen Franz, Otto, Friedrich, dem Herzog Don Miguel von Braganza, dem Maler Franz von Pausinger, diesbezügliche Andeutungen machte und in letzterer Zeit oft die Frage stellte: ‚Fürchtest Du Dich vor dem Tode?' Letzterem sagte er schon vor 6 Jahren gelegentlich eines Jagdaufenthaltes in Görgeny in Ungarn, als von seinem einstigen Regierungsantritte die Rede war: ‚Nicht ich, dieser, der dort kommt (auf den Herrn Erzherzogen Franz, deutend) wird Kaiser von Oesterreich' … Trotz Ahnungen war er voll Lebenslust und Schaffensdrang."[158]

Der Selbstmord des Thronfolgers ist daher eine menschliche Tragödie, deren Wurzel in seinem persönlichen Scheitern liegen. Seine streng militärische Erziehung, sein problematisches Verhältnis zu seiner Mutter Kaiserin Elisabeth, sein jahrelanger Kampf um Anerkennung durch den kaiserlichen Vater, sein liberales persönliches Umfeld und seine politischen Anschauungen, die in krassem Gegensatz zur offiziellen Politik des Wiener Hofes standen und ihn zu einem Leben voll Heimlichkeiten zwangen, sowie nicht zuletzt seine unglückliche Ehe mit Stephanie von Belgien, hatten Rudolf jedenfalls mit knapp 30 Jahren zu einem resignierten, hoffnungslosen Mann gemacht. Doch Rudolf konnte oder wollte offenbar nicht allein sterben – in der verliebten Mary Vetsera hatte er schließlich einen Menschen gefunden, der bereit war, mit ihm in den Tod zu gehen.

Erwin Ringel, Facharzt für Psychiatrie und Neurologie, war als Pionier auf dem Gebiet der Selbstmordforschung zweifellos die Autorität auf diesem Gebiet und führte erstmals den Begriff des präsuizidales Syndroms ein.[159] Das Syndrom umfasst die drei Merkmale Einengung, Aggressionsumkehr und Suizidphantasien, die nach Ringel regelmäßig einer Suizidhandlung vorausgehen. Dabei werden die Wahlmöglichkeiten im Leben immer weiter eingeengt, bis letztlich nur der Suizid als Möglichkeit zu bleiben scheint. Diese Einengung kann – in Form einer Depression – allein im Denken und Verhalten des Betroffenen begründet sein, aber auch in der Realität, wie etwa durch Isolation, Vereinsamung, Verluste oder Krankheit. Das zweite Merkmal ist die Aggressionsumkehr – eine verstärkte und gleichzeitig gehemmte Aggression, die sich früher oder später gegen den Betroffenen selbst richtet. Suizidphantasien definieren schließlich das dritte Merkmal. Das Gefühl, der Realität nicht gewachsen zu sein, sich ihr nicht stellen zu können, führt zu einer Flucht in die Irrealität, der Betroffene baut sich eine Scheinwelt auf, in der Gedanken an den Tod und schließlich an Suizid eine immer größere Rolle spielen. In Rudolfs Fall sind die genannten Merkmale, die ein ernstzunehmendes Warnzeichen sind, feststellbar. Demnach ist zusammenfassend festzuhalten, dass ein Suizid stets den Abschluss einer langen Entwicklung darstellt und keine Reaktion auf aktuelle Geschehnisse. Rudolfs Selbstmord muss daher als persönliches Scheitern angesehen werden. Der Kronprinz hatte zwar die Probleme des Staates erkannt, war jedoch an dem Gefühl zerbrochen, den Untergang sehend nichts verändern zu können. Gleichzeitig zeigte er aber auch die Ausweglosigkeit der Politik des Wiener Hofes auf, die schließlich zum Untergang der Monarchie führte – Rudolf hatte sich gefragt, „wie lange ein so alter und zäher Bau, wie dieses Österreich, braucht, um in allen Fugen zu krachen und zusammenzustürzen ...“[160]

... von Mary Vetsera vergiftet?

Warum dachte Kaiser Franz Joseph über 48 Stunden Mary Vetsera hätte seinen Sohn vergiftet?

Nachdem die beiden Leichen in Rudolfs Schlafzimmer entdeckt worden waren, fuhr Rudolfs Jagdgast Graf Hoyos, der ebenfalls in Mayerling übernachtet hatte, sofort nach Baden, wo er den Eilzug aus Triest anhalten ließ. Kurz nach 10 Uhr war er in der Hofburg angekommen und hatte sich diskret über die sogenannte Küchenstiege in die im zweiten Stockwerk gelegene Wohnung des Obersthofmeisters des Kronprinzen, Graf Bombelles begeben. Dort hatte Hoyos ihn nun über den tragischen Tod des Kronprinzen informiert, und war daraufhin mit ihm zum Obersthofmeister der Kaiserin, Baron Nopcsa, geeilt und

mit diesem zum Generaladjutanten des Kaisers Graf Paar gegangen. Nach einer kurzen Beratung, wie man diese entsetzliche Nachricht dem Kaiserpaar überbringen solle, war entschieden worden, über Ida Ferenczy zunächst Kaiserin Elisabeth zu informieren, die die Nachricht dem Kaiser überbringen sollte. Doch die Herren waren mit der Situation völlig überfordert, Krisenmanagement zählte nicht zu den Stärken der Hofkamarilla. Instinktiv beschlossen die Herren eigenmächtig, zunächst die wahren Umstände zu vertuschen und selbst der kaiserlichen Familie nicht die Wahrheit „zuzumuten", sondern wählten eine Variante, die zwar kurzfristig vom „ehrlosen" Selbstmord und darüber hinaus vor allem Mord ablenkte, dafür aber für heillose Verwirrung sorgte, und zur Anklage Unschuldiger und schließlich zu einem öffentlichen Desaster führte.
So überbrachte Nopcsa der Kaiserin die Nachricht, Rudolfs heimliche Geliebte, die junge Baronesse Mary Vetsera, habe zunächst den Kronprinzen und anschließend sich selbst vergiftet. Elisabeth war zutiefst erschüttert und es lag an ihr, diese Nachricht dem Kaiser zu überbringen. Währenddessen traf auch die gemeinsame Vertraute und Freundin Katharina Schratt, zu ihrem üblichen Besuch in der Hofburg ein. Elisabeth ließ sie sofort holen, da sie wusste, dass Katharina Schratt sowohl ihr als vor allem dem Kaiser in dieser Situation eine große Stütze war.
Nun überschlugen sich die Ereignisse. Denn noch während Elisabeth über Rudolfs Tod informiert wurde, erhielt Marys ahnungslose Mutter Helene Baronin Vetsera, die noch auf der verzweifelten Suche nach ihrer verschwundenen Tochter war und keine Ahnung von deren Verhältnis mit dem Kronprinzen hatte, einen Brief ihrer Freundin Marie Larisch, Rudolfs Cousine, die die Begegnung der verliebten Baronesse mit dem Kronprinzen vermittelt hatte, der sie in helle Aufregung versetzte. Denn in diesem Brief bestätigte Marie Larisch die bis dahin von ihr geleugnete Bekanntschaft Marys mit dem Kron-

prinzen. Alarmiert von dieser Nachricht eilte Helene Vetsera sofort in die Hofburg zu Marie Festetics, Elisabeths Hofdame, um sie zu bitten, „vor Ihre Majestät vorgelassen zu werden, um sie zu beschwören, mit dem Kronprinzen zu sprechen und von ihm Aufklärung zu erlangen, ob er wissen, wo ihre Tochter sich befinde, damit sie abgeholt werden könne, ohne Aufsehen zu erregen." Doch dafür war es zu spät. Festetics meinte nur „Das können Sie nicht, es weiss ja schon Jedermann sie sind da draussen", die Baronin verstand noch immer nicht und entgegnete: „Aber Ihre Majestät wird doch mit Ihm sprechen können", woraufhin sich Marie Festetics wortlos entfernte und Marys völlig verwirrte Mutter zurückließ. Nach einigen Minuten kam Elisabeth, von der Helene Vetsera mit den Worten „Es ist zu spät, sie sind beide tot" die Nachricht vom Tod ihrer Tochter erhielt. Als Helene daraufhin zusammenbrach, blickte Elisabeth unbewegt auf sie und ging ohne ein weiteres Wort aus dem Zimmer. „Noch nicht einmal bei dieser Gelegenheit verzog sich das eiskalte Antlitz der Kaiserin in der geringsten Weise", schrieb ihre Schwiegertochter Stephanie von Belgien – Rudolfs Witwe – später in ihren Memoiren. Geht man jedoch davon aus, dass Elisabeth zu diesem Zeitpunkt ja noch in dem Irrglauben war, Mary habe Rudolf vergiftet, ist diese Reaktion vielleicht verständlicher. Das überraschende Erscheinen der Kaiserin, die entsetzliche Schreckensnachricht über den Tod ihres Kindes und des Kronprinzen zugleich wirkten jedenfalls auf die Baronin so schockierend, dass sie in tiefster Bestürzung die Burg verließ, ohne über die wahren Hintergründe im Klaren zu sein. Kaum hatte Helene Vetsera die Burg verlassen, begab sich Elisabeth in das Appartement ihrer jüngsten Tochter Marie Valerie und ließ sie zu sich rufen. Marie Valerie schilderte diese Minuten in ihrem Tagebuch, als ihre Mutter zu ihr sagte: „‚Rudolf ist sehr krank – keine Hoffnung (ich saß auf ihrem Schoß) – du wirst blass werden – es ist das allerschlimmste.' Ich weiß nicht, warum ich sag: ‚Hat er sich umgebracht?' Und wie dann Mama

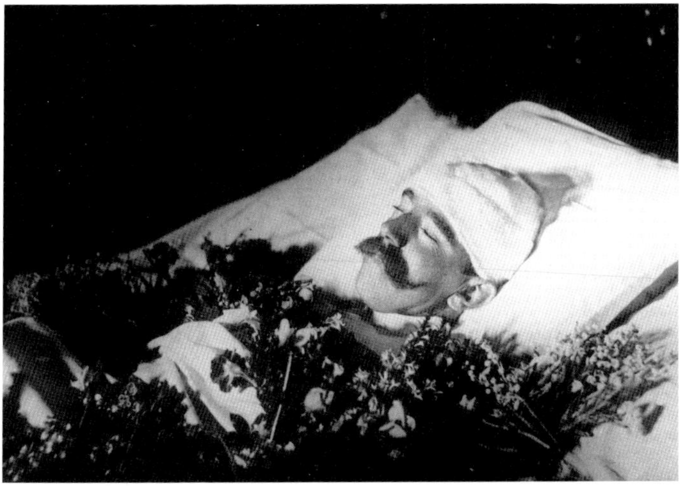

Gestorben an einer „Zertrümmerung des Schädels und der vorderen Hirnpartie": Kronprinz Rudolf auf dem Totenbett.

so erschreckt frug, warum ich das glaube, da wusste ich's. Wir knieten nieder, aber ordentlich beten kann man nicht in solchen Augenblicken. Mama sagte, ich solle ruhig sein wie sie, wegen Papa, und ich war es auch. Sie selbst hatte ihm die vom Grafen Hoyos gebrachte Nachricht gesagt und während meine Gedanken noch bei ihm waren, dem auch dies Bitterste nicht erspart geblieben, trat er selbst ein. Wie weh es tut, ihn anzusehen, können Worte nicht sagen; ich fiel ihm um den Hals. Wir hielten uns umschlossen und weinten und sein heldenhaftes Beispiel hielt Mama und mich aufrecht ... Mama sagte ‚Der grosse Jehova ist furchtbar, wenn er vernichtend einhergeht wie der Sturm.'"[161]

Das offizielle und in der „Wiener Zeitung" publizierte medizinische Gutachten, das noch in derselben Nacht von Hofrat Dr. E. Hofmann, dem Professor der Gerichtsmedizin, Professor Dr. Hans Kundrat, dem Vorstand des pathologisch-anatomischen Institutes, sowie dem kaiserlichen Leibarzt Professor Dr. Hermann Widerhofer unterzeichnet wurde, lautete: „Seine

k. und k. Hoheit, der durchlauchtigste Kronprinz, ist zunächst an Zetrümmerung des Schädels und der vorderen Hirnpartie gestorben.

1. Diese Zertrümmerung ist durch einen aus unmittelbarer Nähe gegen die rechte vordere Schläfengegend abgefeuerten Schuß veranlaßt worden.
2. Ein Schuß aus einem Revolver mittleren Kalibers war geeignet, die beschriebene Verletzung zu erzeugen.
3. Das Projectil wurde nicht vorgefunden, da es durch die über dem linken Ohr konstatierte Ausschußöffnung ausgetreten war.
4. Es unterliegt keinem Zweifel, daß Seine k. u. k. Hoheit sich den Schuß selbst beigebracht hat und daß der Tod augenblicklich eingetreten ist.
5. Die vorzeitige Verwachsung der Pfeil- und Kranznaht, die augenfällige Tiefe der Schädelgrube und die sogenannten fingerförmigen Eindrücke an der inneren Fläche der Schädelknochen, die deutliche Abflachung der Hirnwindungen und die Erweiterung der Hirnkammer sind pathologische Befunde, welche erfahrungsgemäß mit abnormen Geisteszuständen einherzugehen pflegen und daher zur Annahme berechtigen, daß die Tat in einem Zustand von Geistesverwirrung geschehen ist.“[162]

Die Familie wurde erst am nächsten Tag über die wahre Todesursache informiert. Die unangenehme Aufgabe überließ man dem ahnungslosen Hofarzt Prof. Widerhofer, der dem Kaiser den Obduktionsbericht überbrachte und in der Annahme, der Kaiser wäre längst unterrichtet, versuchte er Franz Joseph Trost zu zusprechen: „Die Versicherung kann Euer Majestät geben, daß Seine kaiserliche Hoheit nicht einen Augenblick gelitten hat, die Kugel ist direkt in die Schläfe eingedrungen.“ Franz Joseph antwortete jedoch aufgebracht: „‚Was reden Sie denn von einer Kugel?‘ ‚Ja, Majestät, die Kugel, mit der er sich erschossen hat’, antwortet der Leibarzt. ‚Er …‘, fragt der Kaiser, ‚hat …

sich … erschossen? Das ist nicht wahr, sie hat ihn doch vergiftet!'"[163] Widerhofer war sprachlos, dass der Kaiser bis jetzt nicht die wahren Umstände erfahren hatte, und klärte den Kaiser nun auf. Franz Joseph war tief erschüttert – sein einziger Trost war die Feststellung der Unzurechnungsfähigkeit seines Sohnes – die schon alleine notwendig war, um ein katholisches Begräbnis zu ermöglichen. Auch Rudolfs Wunsch an Marys Seite bestattet zu werden, sah er als Anzeichen einer „Geistesverwirrung".
Im Bemühen, das Geschehen zu vertuschen, wurde also nicht nur die kaiserliche Familie selbst über 24 Stunden lang falsch informiert, sondern es wurden zudem noch immer neue Todesursachen verlautbart, was natürlich verdächtig war und für unzählige Gerüchte sorgte. Erst nach über 30 Stunden wurde erstmals der Selbstmord des Kronprinzen veröffentlicht. Eine zweite Leiche existierte offiziell bis zum Ende der Monarchie nicht.

…ermordet?

Wurde der Thronfolger in Wahrheit ermordet und versuchte man den Skandal zu vertuschen, indem man es vorzog, einen Selbstmord als Todesursache anzugeben?

Von einem Mord am Kronprinzen sprechen nur zwei Quellen: Die Denkschrift eines Tischlers aus Mayerling, der angab, nach einem offensichtlichen Kampf Reparaturen im Schloss vorgenommen zu haben: „Es sah wüst aus, wie nach einem erbitterten Kampf. Etwa 5 Kugeln steckten in den Möbeln. An den Wänden und an der Decke des Zimmers waren Kugelspuren. Das Gassenfenster des Parterrezimmers war von außen eingedrückt, ebenso die Tür vom Nebenraum her, Teppich und Parketten an vielen Stellen blutig, ebenso die Bettmatratzen, die arg nach Blut stanken. Die Teile von 3 zertrümmerten Sesseln aus hartem Nußholz sind im Zimmer herumgelegen. Der Kronprinz ist ja wirk-

lich erschlagen worden in der Rauferei und die Vetsera dabei auch getötet worden im Tumult mit den Leuten, die durch das erbrochene Fenster oder die Türe eingedrungen sind."[164]
Die zweite Quelle stellt ein Bericht des deutschen Botschafters Prinz Reuß nach Berlin dar, der zu den Gerüchten um einen eventuellen politischen Mord schrieb: „Wenn der Mord eingestanden würde, so hätte die öffentliche Meinung die Ermittlung des Thäters und dessen Bestrafung gefordert; hierzu sei aber eine genaue gerichtliche Erhebung der Umstände nöthig gewesen und der ganze wenig moralische Thatbestand wäre an's Licht gekommen. Um dies zu vermeiden, hatte sich der Kaiser entschlossen, das vielleicht viel schlimmere und beschämendere Eingeständniß des Selbstmordes zu machen, welcher durch Wahnsinn erklärt werden konnte."[165] Über die möglichen Hintergründe eines Mordes, berichtete Reuß hingegen nichts. Immer wieder ist von einer ungarischen Verschwörung zu lesen, der Rudolf angeblich zum Opfer fiel. So gab Rudolfs Cousine Marie Larisch an, dass einige Tage nach Rudolfs Tod Graf Andrássy zu ihr gekommen wäre, um sie zu fragen, ob der Kronprinz jemals mit ihr über Politik gesprochen hätte: „Denn Sie müssen wissen, dass der Tod des Kronprinz nicht lediglich eine Liebestragödie ist."[166] Weitere Angaben habe Andrássy laut Marie Larisch jedoch nicht gemacht. Marie Larisch gab weiters an, Rudolf hätte ihr eine verschlossene Kassette zur Aufbewahrung gegeben, die im Fall, dass ihm etwas zustoßen sollte, von einem Vertrauensmann abgeholt, werden würde. Laut Larisch wurde die Kassette wirklich abgeholt und zwar von Erzherzog Johann, der kurz darauf aus der kaiserlichen Familie ausschied und unter dem bürgerlichen Namen Johann Orth mit seiner Frau Milli Stubel als Schiffseigner ein neues Leben begann. Sein Frachtdampfer ging jedoch vermutlich bei einem Sturm am Kap Hoorn im Jahre 1890 unter. Immer wieder wurde die Geschichte der ominösen Kassette mit Gerüchten um eine angebliche ungarische Verschwörung

in Verbindung gebracht. Für diese von Marie Larisch verbreitete und später von Exkaiserin Zita aufgenommene Version einer ungarischen Verschwörung gibt es jedoch keinerlei eindeutige Hinweise oder gar Quellen. Die immer wieder genannten Telegramme, die Rudolf kurz vor seinem Tod erhielt und die angeblich mit seinem Selbstmord zusammenhingen, hatten einen ganz anderen und vor allem harmlosen Hintergrund. So geht aus den Memoiren Graf Hoyos' hervor, dass Istvan „Pista" Károlyi, ein Jagdfreund Rudolfs, an diesem Tag insgesamt drei Telegramme an den Kronprinzen schickte, die mit der Abstimmung der Wehrgesetzfrage zu tun hatte. Dabei ging es jedoch um die bedingt brisante Frage, ob Offiziere hinkünftig ihr Offiziersexamen auch auf Ungarisch abhalten könnten. Es war bekannt, dass Rudolf Ministerpräsident Tizsa in dieser Frage unterstützte, der Deutsch als Kommandosprache beibehalten wollte – in Ungarn waren jedoch nach Károlyis Rede im Parlament am 25. Jänner gegen dieses Gesetz Gerüchte aufgekommen, dass Károlyi kurz davor ein Telegramm Rudolfs erhalten hätte, womit man Rudolf unterstellte, er habe seine Meinung geändert und sei nun gegen des Gesetz. Unabhängig davon ist jedoch die Tatsache wichtig, dass es sich weder um eine politisch bedeutende Abstimmung handelte und Rudolf auch nicht darin verwickelt war. Daher ist Hoyos' Aussage, dass die Korrespondenz zwischen Károlyi und Rudolf den Ärger des Kronprinzen betraf, dass sein Freund eine Rede gegen den von ihm unterstützten Tisza gehalten hatte, nachvollziehbar. Mit einer für den Kronprinzen höchst kompromittierenden Situation oder sogar einer möglichen Verschwörung hatte die Korrespondenz jedenfalls nichts zu tun.

Da Marie Larisch jedoch von der kaiserlichen Familie als eine der Verantwortlichen für die Tragödie in Mayerling angesehen wurde, da sie ja die Treffen der beiden arrangiert hatte bzw. stets Marys Alibi für die Zusammenkünfte mit dem Kronprinzen war, dienten ihre Memoiren auch dazu, nicht nur ihre Unschuld

und Ahnungslosigkeit darzulegen, sondern vor allem auch mit der Verschwörungsversion von sich abzulenken.
Weitere Gerüchte erzählen von einem eifersüchtigen Jäger, der den Kronprinzen erschossen hätte, sowie von einem Unfall. Demnach hätte ein Onkel Marys seine Nichte aus Mayerling abholen wollen, es sei zu einem Handgemenge gekommen, bei dem der Kronprinz mit einer Champagnerflasche erschlagen worden sei. Auch von ihrem Vater als Attentäter, der die Entehrung seiner Tochter rächen wollte, liest man immer wieder. Diese Version ist allein durch den Umstand, dass Albin Vetsera zu diesem Zeitpunkt schon verstorben war, unmöglich.
All den Gerüchten um einen angeblichen Mord widersprechen bereits die vorhandenen Abschiedsbriefe, die eindeutig aus der Hand des Kronprinzen stammen. Der Argumentation, dass nur zwei Briefe im Original erhalten seien, die sich jedoch in Rudolfs Schreibtisch in der Hofburg befanden, daher zu jedem Zeitpunkt geschrieben worden sein können und nicht mit einem Selbstmord in Zusammenhang stehen müssen, widersprechen erstens die Abschiedsbriefe Mary Vetseras, deren Existenz spätestens seit 1972 bestätigt ist, sowie der Bericht des Hofsekretärs Heinrich Slatin, der das Vorhandensein mehrerer Briefe im Schlafzimmer des Kronprinzen bestätigte.[167] Hinzu kommt, dass sowohl Marie Valerie, als auch Gräfin Festetics, die beide als seriöse Quelle anzusehen sind, vom Abschiedsbrief Rudolfs an seine Mutter berichteten.
Von einem politischen Attentat sprach nur Kaiserin Zita – dahinter stand jedoch sicherlich eher Staatsraison als das Wissen um bislang unbekannte Quellen. Die Existenz bzw. der Inhalt jener geheimnisvollen Kassette mit Dokumenten, die sich im Besitz Dr. Otto von Habsburg-Lothringens befinden soll, ist selbst Familienmitgliedern nicht bekannt; das gilt auch für die Schusswaffe. In diesem Zusammenhang stellt sich auch die Frage, wieso sich diese Kassette in Besitz der Familie Kaiser Karls befinden sollte, wo doch Rudolfs Selbstmord im Kaiser-

Das Jagdschloss Mayerling im Wienerwald wurde nach dem Selbstmord des Kronprinzen in ein Karmeliterinnenkloster umgewandelt.

haus als Familienangelegenheit angesehen wurde und daher allenfalls der engsten Familie übergegeben worden wäre und nicht jener eines Großneffen.
Das anfänglich immer wieder erwähnte, angebliche „amerikanische Duell“, bei dem Rudolf die schwarze Kugel gezogen und sich demnach bis Monatsende habe erschießen müssen, ist höchst unglaubwürdig, da dieses Duell erstens in der k.u.k. Armee als unehrenhaft galt und es darüber hinaus auch verboten war, Mitglieder des Kaiserhauses zum Duell zu fordern.
Dass auch Rudolfs Familie von seinem Selbstmord überzeugt war, ist aus einer Tagebucheintragung Marie Valeries vom Mai 1889 ersichtlich, aus der auch eindeutig hervorgeht, dass die Annahme, dass die kaiserliche Familie etwas vertuschen wollte und lieber den Selbstmord vorgegeben habe, als die „Wahrheit“ zuzulassen, nicht zutrifft: „Papa sagt, er höre von allen Seiten, dass hier fast niemand an der Art von Rudolfs Ende glauben wolle, daß die meisten an Mord oder doch gezwungenen Selbstmord glauben ... Papa sagt ganz richtig, es sei unbegreiflich, wie die Leute glauben können, das man das Ärgste erfindet.“[168]

An seine Vertraute Katharina Schratt schrieb Franz Joseph im März: „Gestern waren Rudolphs ehemalige Herren und Widerhofer bei der Audienz, um sich für die erhaltenen Auszeichnungen zu bedanken. Letzterer war dann auch nachmittags über eine Stunde bei mir, und da sprachen wir wieder die ganzen traurigen Ereignisse durch, suchten sie in einen Zusammenhang zu bringen, suchten nach Ursachen. Das nützt alles nichts und hat auch keinen rechten Zweck, aber man kann eben an nicht anderes denken und das Besprechen gibt dich eine gewisse Beruhigung."[169] Und auch Rudolfs Witwe Stephanie ging stets von Rudolfs Selbstmord aus: „Er war tot, er hatte Ernst aus seinen schrecklichen Drohungen gemacht. Er hatte sein zerstörtes Leben selbst beendet."[170]

... starb Mary Vetsera an misslungener Abtreibung?

Stand hinter dem Selbstmord des Kronprinzen ein misslungener Abtreibungsversuch Mary Vetseras, der dem Kronprinzen keine Wahl ließ als sich umzubringen um seine Ehre zu retten?

Das Gerücht um eine angebliche Schwangerschaft Mary Vetseras basiert in erster Linie auf der Denkschrift der Gräfin Zoe Wassilko-Serecki, der Enkelin des Polizeipräsidenten Krauß, die auch mit der Familie von Ministerpräsident Eduard Taaffe verwandt war. 1955 gab sie im Staatsarchiv zu Protokoll, dass Eduard Taaffes Sohn Heinrich ihr im seinem Schloss Ellischau Einblick in die Kronprinz Rudolf-Dokumente gewährt habe, in denen einwandfrei Selbstmord festgestellt wurde. Weiters gab sie an, sich erinnern zu können, dass eine Schwangerschaft Mary Vetseras festgestellt worden sei. Dabei bezog sie sich offenbar auf einen anonymen Hinweis, der am 5. Februar im Polizeipräsidium abgegeben wurde und in dem vom Gerücht berichtet wird, Mary hätte sich im 4. Monat einer Schwangerschaft befunden, die der Auslöser dafür gewesen sei, dass der Kronprinz zuerst sie und danach sich erschoss.[171]

Geht man davon aus, dass es, wie von Marys Vertrauten angegeben, am 13. Jänner den ersten intimen Kontakt zwischen Mary Vetsera und dem Kronprinzen gab, ist es höchst unwahrscheinlich, dass Mary Ende Jänner bereits eine Schwangerschaft hätte vermuten oder gar feststellen können. Doch selbst wenn sie diese Vermutung gehabt hätte, wäre eine Abtreibung in diesen Kreisen nicht in Frage gekommen. Ungewollte Schwangerschaften kamen bei heimlichen Liebesbeziehungen natürlich immer wieder vor, allerdings wurden solche Angelegenheiten in vermögenden Kreisen elegant und vor allem ungefährlich gelöst, indem die Betreffende eine entsprechend lange Reise unternahm und nach einer diskreten Geburt in einem Kloster oder im Ausland wieder zurückkehrte. Eine Abtreibung war damals (abgesehen davon, dass sie illegal war) ein gefährlicher Eingriff, der zumeist unter menschenunwürdigen und medizinisch sowie hygienisch unzumutbaren Umständen durchgeführt wurde – ein Risiko, das ein Mädchen ihres Standes und mit den entsprechenden finanziellen Möglichkeiten nicht eingehen musste, um in der Gesellschaft nicht ihre Ehre zu verlieren.

Im Protokoll des kaiserlichen Leibarztes Dr. Auchenthaler, der auch Marys Leiche untersuchte, wurde jedenfalls angegeben, dass sie durch eine Schussverletzung gestorben war, wobei man nebulos angab, dass im Gemeindegebiet Mayerling ein weiblicher Leichnam mit einer Schusswunde durch den Kopf aufgefunden worden sei, der als Marie Freiin Vetsera identifiziert worden sei, und es sich um Selbstmord handle.[172] Auch Marys Onkel, die ihre Leiche aus Mayerling abholten, berichteten, dass sie Mary mit einer Schusswunde im Kopf vorgefunden hatten.[173] Da eindeutig festgestellt wurde, dass der Schuss in die linke Schläfe abgegeben wurde und Mary Vetsera Rechtshänderin war, ist es unwahrscheinlich, dass sie sich selbst erschossen hat.

… *Marys Leiche heimlich aus Mayerling weggeschafft?*

Mussten Marys Verwandte ihren Leichnam heimlich und unter menschenunwürdigen Umständen aus Mayerling abtransportieren?

Der Generaladjutant Kaiser Franz Josephs, Graf Eduard Paar, hatte die Aufgabe die Familie über den Tod Marys zu informieren und unter allen Umständen zu verhindern, dass ihre Mutter oder andere Verwandte nach Mayerling führen und damit für einen Skandal zu Sorgen – gab es doch offiziell keinen zweiten Leichnam in Mayerling. Der Hof hatte daher nicht nur beschlossen, die Angehörigen der Baronesse über die wahren Umstände im Unklaren zu lassen, sondern teilte ihnen sogar mit, dass Mary den ahnungslosen Kronprinzen und dann sich selbst vergiftet habe. Wie brutal der Wiener Hof vorging, nur um kein Aufsehen zu erregen, zeigt die Tatsache, dass Graf Paar die Familie nicht nur kaltblütig anlog, sondern als angebliches Indiz auch noch hinzufügte, dass ein Fiaker bestellt gewesen sei, der Mary nach dem Frühstück nach Hause bringen sollte, und abschließend meinte: „Wahrscheinlich wollte sie sich nicht nach Hause schicken lassen.“[174] Der Generaladjutant führte weiter aus, dass man Mary erst kürzlich in einem öffentlichen Vortrag über Gift gesehen habe, und riet nun ihrer Mutter, zu ihrer eigenen Sicherheit so schnell wie möglich das Land zu verlassen. Helene Vetsera war zutiefst schockiert über diese Nachricht, und auch ihr Bruder Alexander Baltazzi beschwor sie sofort abzureisen, da, wie Paar hinzufügte, ein „Ausbruch der Volksleidenschaft“ zu befürchteten sei. Noch am selben Abend wurde sie zum Bahnhof gebracht und in den Zug nach Venedig gesetzt. Erst viele Wochen später gestand man seitens des Hofes, der Baronin die Vergiftungsversion nur deshalb erzählt zu haben, um um jeden Preis zu verhindern, dass sie nach Mayerling fahre und die Herausgabe der Leiche ihrer Tochter ver-

lange, womit sie natürlich für Aufsehen und Aufruhr gesorgt hätte. Lieber ließ man die Mutter beinahe zwei Tag im Glauben, ihre Tochter hätte den Kronprinzen ermordet.
Nachdem die Familie Vetsera über 36 Stunden zuerst gar nicht und dann falsch über die Todesumstände informiert worden war, erhielt sie schließlich erst am 31. Jänner die Genehmigung Mary in Mayerling abzuholen. Die Bedingung des Hofes war,

Das Grab Mary Vetseras am Stiftsfriedhof Heiligenkreuz.

dass auf keinen Fall ein Sarg oder Leichenwagen für den Transport der Toten verwendet werden dürfe und alles unternommen werden müsse , um ja nicht den Verdacht aufkommen zu lassen, dass eine Leiche aus Mayerling abtransportiert werde. Mittlerweile war auch der Familie Vetsera hinterbracht worden, dass Mary nicht Täterin, sondern Opfer war. Ihre Onkel Georg Stockau und Alexander Baltazzi übernahmen die Aufgabe, ihre Nichte abzuholen. Nachdem sie bei ihrer Ankunft eine halbe Stunde vergeblich gewartet hatten, kam schließlich ein Wagen eines Hofbeamten mit dem kaiserlichen Leibarzt Dr. Auchenthaler, worauf auch endlich der Schlosswärter erschien und sie ins Schloss ließ. Der Beamte brach die Siegel und öffnete die Türe des Zimmers, in dem Marys Leiche liegen sollte. Doch zunächst war sie gar nicht zu finden. Da man die Tatsache einer zweiten Leiche so lange wie möglich vertuschen wollte, hatte man Mary, so, wie man sie aufgefunden hatte, in ein anderes Zimmer getragen und sie einfach unter ihren Kleider versteckt. So fand man sie erst, nachdem man die Kleider vom Bett genommen hatte: „wie auf das Bett hingeworfen, den Kopf nach rückwärts gesunken, denn man hatte es nicht einmal der Mühe werth gehalten das Haupt der Leiche zu stützen … es waren, da die That am Tage vorher zwischen 6 und 8 Uhr Früh geschehen war, etwa 38 Stunden seit dem Tode verflossen, ohne dass dem entseelten Leichname sein Recht geworden war. Die Leiche befand sich noch in dem selben Zustande, in welchem sie Tags vorher zugleich mit jener des Kronprinzen aufgefunden wurde, die Augen weit geöffnet und starr hervortretend, aus dem halbgeöffneten Munde war ein gestockter Blutstrom herausgequollen, der einen Teil des Körpers bedeckte; die Arme ruhten leicht gebogen im Schosse, die linke Hand umschloss krampfhaft ein Taschentuch, welches nur mit Anwendung grosser Gewalt aus der erstarrten Hand entfernt werden konnte … Sie hatte eine Schusswunde an der linken Schläfe, die hinter dem rechten Ohr herauskam.“[175] Die Leiche wurde nun vom Leibarzt Dr. Auchenthaler untersucht und als Todesursache Selbstmord durch Schussverletzung angegeben. Marys Verwandten erklärte man, dass dies die einzige Möglichkeit sei, da sonst eine Anzeige gemacht werden müsse, die wiederum eine gerichtliche Untersuchung zur Folge hätte, was jedoch auf keinen Fall in Frage komme, da es zu großes Aufsehen erregen würde. Anschließend wurde Marys Leichnam gereinigt und angekleidet und den Verwandten zur Überführung nach Heiligenkreuz übergeben. Als alles erledigt war, wurden Stockau und Baltazzi angewiesen, die Leiche beim Hinaustragen aus dem Schloss so zwischen sich zu halten, dass es aussah, als würde Mary noch leben. Da sich dies als undurchführbar herausstellte, banden sie ihr schließlich einen Spazierstock an den Rücken und befestigten diesen mit einem Taschentuch, das sie der Toten um den Hals banden. Als sie beim Wagen angekommen waren, wurde Marys Leiche halb liegend in den Fond des Wagens, ihren Onkeln gegenüber gesetzt und nach Heiligenkreuz gebracht. Um Mitternacht kam der Wagen an und Marys Leiche wurde in einen einfachen Holzsarg gelegt. Da kein Kissen vorhanden war, faltete Graf Stockau Marys Hut zu einem Kopfpolster, der vorsichtig unter den Kopf gelegt wurde. Am nächsten Morgen um 8 Uhr wurde sie in aller Stille – und Eile – auf dem Stiftsfriedhof beerdigt. Die für Marys Verwandte schockierenden Erlebnisse hinterließen ihre Spuren. Als Graf Stockau drei Tage später Marie Larisch aufsuchte, um sie zur Rede zu stellen, fiel ihr als erstes sein verändertes Aussehen auf und sie war: „...aufs heftigste bestürzt über sein verändertes Aussehen. Denn herein trat ein gebrochener Mann, Ich habe ihn tatsächlich kaum erkannt ...“[176]

Erzherzog Ludwig Viktor

… verbannter Homosexueller?

Die Geschichte ist wohlbekannt: Erzherzog Ludwig Viktor, jüngster Bruder Kaiser Franz Josephs, näherte sich einem Besucher des Centralbades in so anstößiger und aufdringlicher Weise, dass er von diesem eine Ohrfeige erhielt. Der Skandal wurde publik, der Erzherzog aus Wien verbannt und musste den Rest seines Lebens in Schloss Kleßheim in Salzburg verbringen.

Die Anekdote um den Skandal im Centralbad – der heutigen einschlägig bekannten Herrensauna „Kaiserbründl" in der Weihburggasse – schilderte Nora Fugger in ihren Memoiren folgendermaßen: „Erzherzog Ludwig Viktor war ein passionierter Schwimmer … In seinem Palais in Wien fehlte das Schwimmbad. Und so machte er es sich zur Gewohnheit, zweimal wöchentlich in Gesellschaft seines Adjutanten in einer öffentlichen Badeanstalt zu erscheinen. Wie oft sah ich seinen Hofwagen in der Weihburggasse stehen. Die Frage lag nahe, wie es sich mit der strengen Etikette am österreichischen Hofe vereinbaren lasse, dass ein Erzherzog in einem öffentlichen Schwimmbassin mit n'importe qui baden durfte. Mir erschien die Sache eigentümlich, nicht unbedenklich. Und ich hatte nicht so unrecht; denn eines schönen Tages kam es tatsächlich zu einem großen Skandal, ja sogar zu einem Handgemenge in der Badeanstalt. Man erzählte sich, der Erzherzog habe eine Ohrfeige erwischt und die Flucht ergreifen müssen."[177] Dass die Geschichte zu so einem Skandal wurde, liegt daran, dass Homosexualität damals nicht nur ein Tabu, sondern auch ge-

Skandalumwitterter Bruder des Kaisers: Erzherzog Ludwig Viktor, genannt „Luzivuzi".

setzlich verboten war. Dass Ludwig Viktor jedoch deswegen nach Salzburg verbannt wurde, ist nicht ganz richtig – lebte der Erzherzog doch bereits seit 1861 offiziell als Vertreter des Kaisers in Salzburg. Zunächst wohnte er in der Residenz, 1866 übersiedelte er schließlich ins Schloss Kleßheim. Da das Centralbad jedoch erst im Jahre 1889 eröffnete und Erzherzog Ludwig Viktor bis zur Jahrhundertwende die meiste Zeit über in Wien in seinem Palais am heutigen Schubertring, Ecke Schwarzenbergplatz lebte, kann sich der Skandal auch erst um die Jahrhundertwende ereignet haben, und war somit definitiv nicht der Auslöser für seine Übersiedlung nach Salzburg. Doch der Skandal im Centralbad war nicht der einzige derartige Vorfall. So wurde auch berichtet: „Einmal kam es zu einem großen Skandal in der Praterstraße, als der Erzherzog, der im Wagen fuhr, diesen plötzlich anhalten ließ, heraussprang und auf einen Vorübergehenden zueilte, dem er einen unsittlichen Antrag stellte. Dieser, der vielleicht nicht wusste, dass es ein Bruder des Kaisers war, der ihm eine solche ‚Ehre' zugemutet hatte, gab ihm als Antwort ein Paar Ohrfeigen."[178]

Begebenheiten wie diese führten jedenfalls dazu, dass Luzivuzi – wie der Erzherzog im Familienkreis hieß – als homosexuell bezeichnet wurde und wird. Homophile Tendenzen attestierte ihm schon die Nichte Kaiserin Elisabeths, Marie Larisch, die sie mit „Neigung des Erzherzogs zu Lastern, die nur in den Tagen des Sokrates geduldet wurden"[179] beschrieb. Und auch Max Reversi umschrieb die Vorlieben des Erzherzogs mit den Worten: „… doch hegte er sein Leben lang eine ganz offen zur Schau getragene besondere Vorliebe für hübsche junge Offiziere …".[180] Auffallend ist jedoch, dass bereits Nora Fugger in ihren Memoiren schrieb, dass Ludwig auch Frauen verehrte. So verehrte er just um 1895 Louise Coburg, die Gemahlin Philipp Coburgs und Schwester der Kronprinzessin Stephanie, als diese sich in Geza Graf Mattachich verliebte. Ludwig schickte ihr Blumen und Geschenke, doch Louise beging den schweren

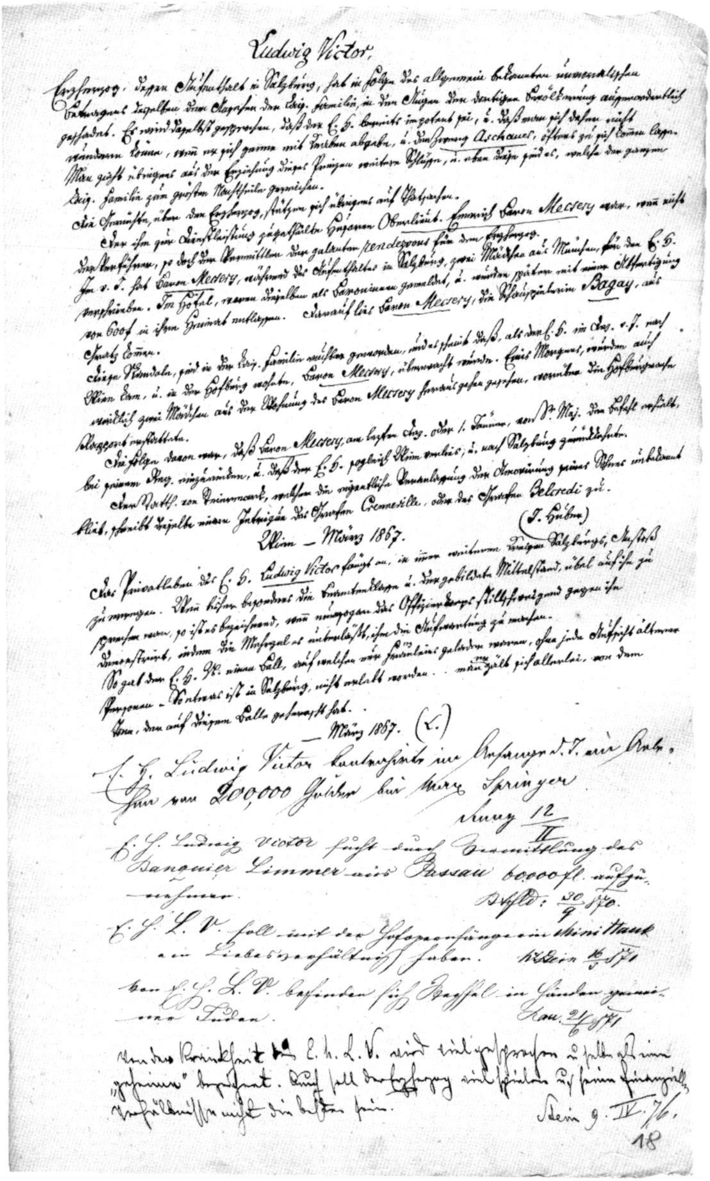

Konfidentenberichte über Erzherzog Ludwig Viktor an das Informationsbüro.

Fehler, sich über ihren Verehrer lustig zu machen. Der tief gekränkte Erzherzog holte sogleich zum Gegenschlag aus und rächte sich, indem er Louise bei seinem kaiserliche Bruder anschwärzte und behauptete, Louise wäre mit ihrem Geliebten Mattachich öffentlich aufgetreten – was nach den geltenden gesellschaftlichen Spielregeln ein großer Skandal gewesen wäre. Ehefrauen durften zwar ebenso wie ihre Männer Affairen haben – aber nur, solange sie diese diskret und vor allem nicht in der Öffentlichkeit lebten, da ja sonst der Ehemann kompromittiert wäre. Louise wurde daraufhin zum Kaiser zitiert und versuchte sich gegen die Verleumdungen Ludwig Viktors zu wehren, allerdings erfolglos und der Skandal war perfekt. Bislang ging man jedoch davon aus, dass Ludwig Frauen rein platonisch verehrte. Sein angebliches Verhältnis mit der Tänzerin Claudia Couqui war insofern fraglich, als der einzige Beweis dafür in einer Fotografie in seinem Nachlass bestand – was nicht unbedingt viel sagen muss.
Dass Ludwig jedoch sehr wohl auch mit Damen intim verkehrte, geht nun erstmals aus den bislang unbekannten Konfidentenberichten des Informationsbüros hervor. Abgesehen davon, dass er in der Auflistung der „offiziellen Maitressen" als Kunde der „Mme Strubecker" eingetragen ist, wird 1871 auch von einem Liebesverhältnis des Erzherzogs mit der Hofopernsängerin Minnie Hauk, sowie 1867 mit der Grazer Schauspielerin Bagay berichtet.[181] Dieser Bericht lässt nunmehr keinen Zweifel daran, dass der Erzherzog bisexuell war: „Ludwig Victor. Erzherzog, dessen Aufenthalt in Salzburg hat in Folge des allgemein bekannten unmoralischen Betragens desselben dem Ansehen der kais. Familie in den Augen der dortigen Bevölkerung ausserordentlich geschadet. Es wird daselbst gesprochen, dass der E.H. bereits impotent sei u. dass man sich daher nicht wundern könne, wenn er sich gerne mit Knaben abgebe u den Zwerg Aschauer öfters zu sich kommen lasse … Die Gerüchte über den Erzherzog stützen sich übrigens auf Tatsachen.

Der ihm zur Dienstleistung zugeteilte Husaren Oberleut. Emerich Baron Mecsery war wenn nicht der Verführer, so doch der Vermittler der galanten rendezvous für den Erzherzog. Im v. J. hat Baron Mecsery während des Aufenthalts in Salzburg zwei Mädchen aus München für den E.H. verschrieben. Im Hotel waren dieselben als Baroninnen gemeldet u. wurden später mit einer Abfertigung von 600 f in ihre Heimat entlassen. Darauf lies Baron Mecsery die Schauspielerin Bagay aus Gratz kommen."[182] Für noch größeres Aufsehen sorgten Bälle des Erzherzogs in Kleßheim, zu denen Ludwig Viktor ausschließlich junge Damen einlud, die nicht in Begleitung „älterer" Aufsichtspersonen erscheinen durften. Diese wiederholten Verstöße gegen die gesellschaftliche Etikette wurden von der Bevölkerung nicht goutiert, und der Erzherzog dafür nicht nur vom sittenstrengen Bürgertum, sondern schließlich auf von Offizierskreisen und Aristokraten gemieden. 1915 wurde er unter Kuratel gestellt und starb 1919 „in geistiger Umnachtung" in Kleßheim.

Adèle

Thronfolger Erzherzog Franz Ferdinand

... misstrauisch und unbeliebt?

Erzherzog Franz Ferdinand wird zumeist als schwierige Persönlichkeit geschildert. Bekannt ist, dass Kaiser und Thronfolger nicht nur grundverschiedene Charaktere waren, sondern auch überhaupt nicht miteinander auskamen und sich, wenn möglich, aus dem Weg gingen. Aber war Franz Ferdinand tatsächlich ein zutiefst misstrauischer Mensch, der auch in der Bevölkerung unbeliebt war?

Nach dem Selbstmord des einzigen Sohnes des Kaiserpaares wurde Franz Josephs Neffe Franz Ferdinand zum Thronfolger ernannt. Dass das Verhältnis zwischen den beiden von Beginn an gespannt war, bestätigte auch Franz Jospehs Kammerdiener Eugen Ketterl: „Was den Thronfolger Fanz Ferdinand anbetraf, so herrschte zwischen d Kaiser und ihm ein gespanntes Verhältnis, einer ‚fürchtete' sich vor dem anderen. Unterredungen zwischen beiden gingen in der Regel unter Donner und Bitz von statten."[183] Der Erzherzog machte von Beginn an keinen Hehl daraus, dass er die Politik seines Onkels für verfehlt hielt. Dabei machte er aber weniger den Kaiser selbst dafür verantwortlich, sondern die seiner Meinung nach falschen und schlechten Berater des Kaisers, die sich allmächtig fühlten und selbstgefällig agierten: „Das größte Unglück in Österreich waren in letzter Zeit stets die so schlechten Diplomaten und die in Gottähnlichkeit sich dünkenden Staatslenker ... Wäre die jetzige Politik die

Erzherzog Franz Ferdinand mit seiner Gemahlin Sophie Chotek, die anlässlich ihrer Hochzeit zur Gräfin, später Fürstin Hohenberg ernannt wurde, und ihren Kindern Sophie, Maximilian und Ernst. Foto 1914.

eigene Politik meines Kaisers, würde ich mich selbstverständlich allem beugen und sie ganz zu der meinen machen. Da ich aber weiß, dass es nur die Ratgeber Sr. Majestät sind, die Politik machen und ihn so lange sekkieren und plagen, bis er, um endlich Ruhe zu haben, nachgibt, so halte ich es für meine Pflicht die schädlichen Folgen soviel als möglich zu parieren ... allerdings mache ich mir damit viele Feinde."[184] Damit hatte Franz Ferdinand zwar das Problem klar erkannt – indem er dies jedoch öffentlich kundtat, machte er sich die tatsächlich mächtige Hofkamarilla zum Feind. Franz Ferdinand war jedoch kein Anhänger liberaler Politik, sondern trat im Gegenteil für eine besonders konservative Politik ein. Er bemühte sich auch nicht um eine ausgleichende Haltung im schwelenden Nationalitätenkonflikt, sondern bezog auch hier eindeutige Positionen. So war er erklärter Freund der Tschechen und umso vehementerer Gegner der Ungarn – den Ausgleich und die damit verbundene Bevorzugung der ungarischen Nation vor allen anderen innerhalb der Monarchie hielt er für einen der größten politischen Fehler. Dies war mit ein Grund für seine Versetzung von Prag nach Ödenburg. Nora Fugger, eine enge Freundin des Thronfolgers, erinnerte sich: „Zweck der Versetzung des Erzherzogs war, ihm Gelegenheit zu geben, mit Ungarn in Berührung zu kommen und sich in der ungarischen Sprache auszubilden. Der Erzherzog liebte dieses Land nicht, ebenso wenig wie dessen Bewohner. Er betonte dies – sehr zu seinem Nachteil – bei jeder Gelegenheit. Durch die Ernennung des Erzherzogs wurde die bis dahin ungetrübte Harmonie, die im Regiment herrschte, etwas beeinträchtigt. Neid und Eifersucht verursachten Unfrieden. Erzherzog Franz Ferdinand war misstrauisch und ließ sich leicht ‚verhetzen'. Mancher fiel dadurch in Ungnade, ohne es im mindesten zu verdienen. Missverständnisse wuchsen sich zu Affairen aus."[185] Franz Ferdinand war also von Haus aus kein besonders diplomatischer Charakter und betonte auch immer wieder in aller Öffentlichkeit: „Wenn ich einmal darankomme, werden sie schon sehen, wie ich alles ändere", und wenn man ihn darauf aufmerksam machte, dass seine Offenheit unklug sei, meinte er lapidar: „Solln sie's nur wissen."[186] Als er bei einer offiziellen Veranstaltung den Csardas – den ungarischen Nationaltanz – öffentlich einen „Bärentanz" nannte, verschärfte er die Situation zusätzlich und machte sich immer mehr Feinde. Aber auch in Serbien war der Thronfolger verhasst – nahm man ihm doch die Truppenübungen und Manöver an der serbischen Grenze äußerst übel.

Eine Zäsur stellte seine Tuberkuloseerkrankung dar, die einen über einjährigen Kuraufenthalt zuerst in den Schweizer Bergen und, als sich keine Besserung einstellte, in Ägypten notwendig machte. Seiner Freundin Nora Fugger schrieb er: „Was nun meine Erkrankung anlangt, so kann ich leider nichts Gutes melden, ich habe einen starken Lungenkatarrh mit bösartigen Komplikationen und bin so schwach und elend, daß ich kaum einige hundert Schritte gehen kann. … Ich bin physisch und vor allem moralisch gebrochen. Mit Leib und Seele Soldat, muß ich jetzt vor den Manövern meine Brigade abgeben und für lange Zeit auf jede Lebensfreude verzichten, ich muß die Jagd, das Reiten, jede Beschäftigung aufgeben und nur als siecher Krüppel leben … Gräfin können sich vorstellen, in welcher Gemütsstimmung ich bin und daß ich bereits an schwarzer Melancholie leide."[187] Und kurz darauf: „…und da auch eine böse Kehlkopfkomplikation dazugekommen ist, so hat mir mein Bader sogar das Sprechen verboten, so daß ich jetzt faktisch das Leben eines Grottenolms führe. Ein Kartäuser ist ein Lebemann gegen mich."[188]

Franz Ferdinand, der aufgrund seiner von vielen Seiten angefeindeten Stellung bei Hof ein misstrauischer Mensch geworden war, argwöhnte, dass seine mächtigen Feinde – allen voran der Minister des kaiserlichen Hofes und auswärtigen Amtes Graf Goluchowski – sich der Ärzte bedienten, um ihn unter dem Vorwand der Notwendigkeit einer strengen Kur zu isolieren,

Thronfolger Franz Ferdinand mit seiner Gemahlin Fürstin Hohenberg und der Gräfin Baillet de Latour (Mitte) im Mai 1913.

von Wien zu entfernen und so unschädlich zu machen. Als, noch während seines Kuraufenthalts, Franz Ferdinands jüngerer Bruder Erzherzog Otto in Wien bereits als Thronfolger gehandelt wurde und sogar das Palais im Augarten samt dazugehörigem, einem Thronfolger entsprechenden Hofstaat erhielt, fühlte sich Franz Ferdinand bestätigt und sah sich immer mehr von Feinden umgeben. Mit seiner Einstellung verschlechterte er jedoch sein Verhältnis zum Kaiser, und Erzherzog Leopold Ferdinand stellte fest: „Kaiser Franz Joseph war dieser stete Hochdruck des gekränkten Ehrgeizes widerlich.“[189] Als sich das Kaiserhaus auch noch offen gegen seine Frau stellte, glaubte er alle Welt gegen sich verfeindet. Kaiser Franz Joseph hatte sich lange geweigert, seine Zustimmung zur Heirat des Thronfolgers mit Sophie Gräfin Chotek zu geben, die als nicht standesgemäß galt. Schließlich setzte Franz Ferdinand zumindest eine morganatische Ehe durch, was jedoch nicht nur bedeutete, dass seine Kinder von der Erbfolge ausgeschlossen waren, sondern auch, dass seine Frau weder als Familienmitglied noch als Gemahlin eines Thronfolgers behandelt, sondern eher geduldet wurde. Sie rangierte hinter allen anderen Erzherzoginnen, durfte ihren Mann oft nicht zu Staatsbesuchen begleiten, an öffentlichen Anlässen nicht teilnehmen, weder alleine in der kaiserlichen Kutsche fahren noch in Theater oder Oper in der Kaiserloge Platz nehmen. Nora Fugger erinnerte sich: „Solche immer sich wiederholende Nadelstiche haben den Erzherzog verletzt, ihn misstrauisch, leicht erregbar und gegen viele seiner Mitmenschen voreingenommen gemacht. Wie er mir selbst sagte, führte er ein eigenes Register über alle Menschen, die sich seiner Frau gegenüber nicht so benahmen, wie er es wünschte. ‚Die werden mich kennenlernen, wenn ich einmal Kaiser bin' waren seine Worte."[190] Doch dazu sollte es bekanntlich nicht kommen.

Kaiser Karl I.

…Friedenskaiser?

Nicht nur Exkaiserin Zita, sondern vor allem die „Kaiser Karl Gebetsliga für den Völkerfrieden", die jahrzehntelang – die 2004 erfolgte – Seligsprechung Karls betrieb, stilisierte den letzten österreichischen Kaiser als Friedenskaiser. Doch ist diese Bezeichnung bei genauerer Betrachtung zulässig?

Als Karl 1916 Kaiser wurde, hatte Österreich mehr oder weniger alle Kriegsziele erreicht; Serbien war besiegt, Russland kurz darauf durch die Revolution so geschwächt, dass es kein ernsthafter Gegner mehr war und die USA waren noch nicht in den Krieg eingetreten. Auch seine Berater waren überzeugt, dass dringend Frieden geschlossen werden müsse, da nicht nur die Situation günstig war, sondern sich auch ein großes Nachschubproblem abzeichnete, die größte Gefahr in sich barg. So plädierte Graf Berchtold, Oberstkämmerer Karls, der pikanterweise als ehemaliger Außenminister und Verfasser des Ultimatums an Serbien als eigentlicher Auslöser des Ersten Weltkriegs bezeichnet werden kann, vehement für einen Friedensschluss. Schon kurz vor Franz Josephs Tod hatte er in seinem Tagebuch notiert, dass man eine Einigung mit Deutschland erzielen müsse und dringend zu überlegen sei, welcherart: „Gebietsabtretungen zu machen man sich bereitfinden könnte, um einem völligen Niederbruch zuvorzukommen."[191] Berchtold hatte hierüber sogar eine Unterredung mit dem damaligen

Kaiser Karl während des Ersten Weltkrieges in der Uniform eines Kaiserschützen.

Nächste Doppelseite: Die Hochzeit Erzherzog Karls mit Zita von Bourbon-Parma auf Schloss Schwarzau in Niederösterreich am 21. Oktober 1911.

WEDDING

RCHDUKE KARL FRANZ JOSEF + PRINCESS

Thronfolger Karl, dem er die Dringlichkeit schilderte: „März 1917 werden wir das letzte Marschbataillon aufstellen und dann ist unser Menschenreservoir erschöpft. Bis dahin muß Frieden geschlossen sein.“[192]

Doch als Karl an die Macht kam, unternahm er nichts. Erste informelle Friedensgespräche verliefen im Sand, ohne dass Karl besonderen Druck erzeugt hätte oder vehement dafür eingetreten wäre. Im Gegenteil – der Kaiser führte den Krieg entschlossen weiter. Auch mit unerlaubten Mitteln. Denn die 12. Isonzoschlacht am 24. Oktober 1917 konnte nur durch den massiven Einsatz von Giftgas gewonnen werden. Karl verteidigte sich später, indem er vorgab, der Kommandant der 14. Armee, der deutsche General Otto von Below, hätte ohne sein Wissen den Einsatzbefehl gegeben – diese Darstellung ist jedoch wenig glaubwürdig, umso mehr, als Karl kurz nach der Schlacht dem österreichischen Kommandanten des 1. Korps General Alfred von Krauss einen Orden verlieh. Der Einsatz war nach der Haager Konvention nicht nur verboten, sondern besonders perfide. So wurden zunächst „Blaukreuze“ genannte Granaten abgefeuert, die mit einem blauen Kreuz bemalt waren und Diphenylchlorarcin enthielten, das über Reizungen der Schleimhäute zu Niesen, Husten und Erbrechen führte und die Italiener zum Abnehmen ihrer Gasmasken zwingen sollte. Danach folgten die „Grünkreuze“, die mit Phosgengas gefüllt waren und bereits in kleinster Dosierung tödlich wirkten. Insgesamt wurden um die 100.000 Granaten abgefeuert, 40.000 Italiener verloren in einer Nacht ihr Leben.[193]

Den letzten Rest seiner Glaubwürdigkeit vor der Weltöffentlichkeit und seinem Bündnispartner Deutschland büßte er ein, als seine Geheimverhandlungen über einen Separatfrieden für die k. u. k. Monarchie bekannt wurden. Ob hinter seinem Bemühen allgemeiner Friedenswille oder der Versuch der Rettung der Monarchie standen, sei dahingestellt. Im März und Mai 1917 hatte er jedenfalls über seinen Schwager Sixtus von Bour-

Ordensverleihung an verdiente Offiziere: Kaiser Karl bei den Truppen in Csik-Szereda in Siebenbürgen.

bon-Parma hinter dem Rücken des deutschen Bündnispartners den Kriegsgegnern ein geheimes Friedensangebot unterbreitet. Verfasst wurde die geheime Korrespondenz, die als „Sixtus-Briefe" in die Geschichte einging, von Zitas Beichtvater Alois Musil. Die Verhandlungen scheiterten, und im Frühjahr 1918 folgte der Eklat, als Frankreich – provoziert vom österreichischen Außenminister Ottokar Czernin – die geheimen Briefe veröffentlichte. Karl leugnete zunächst noch seine Urheberschaft; als sie jedoch bewiesen werden konnte, stand er als Lügner und Verräter da. Die Folge war ein Canossagang nach Spa, bei dem Karl sich und die Monarchie endgültig dem Deutschen Kaiserreich auslieferte und damit nicht nur den letzten Handlungsspielraum, sondern vor allem die Achtung der Alliierten verlor.

Dieses Vorgehen zieht sich wie ein roter Faden durch Karls politisches Leben. Wie schon bei der 12. Isonzoschlacht und den Sixtus-Briefen, als er seine Verantwortung abstritt und leugnete, versuchte er auch jene für den Waffenstillstand in der Villa Giusti am 4. November 1918 abzuwälzen. Karl legte den Oberbefehl nieder und ernannte an seiner Stelle Hermann Kövess

Kaiser Karl mit seiner Gemahlin Zita 1917 in Innsbruck.

von Kövessháza zum neuen Kommandanten der Streitkräfte. Eine nachträgliche Datumskorrektur ermöglichte ihm, sich auch in diesem Fall aus der Affäre zu ziehen. So war ein anderer für den Waffenstillstand zu verantworten, auch wenn dieser gar nicht wusste, dass er österreichisch-ungarischer Armeeoberkommandant war – Kövess befand sich zu diesem Zeitpunkt bei den Truppen am Balkan.

Fazit: Kaiser Karls Bemühungen um einen Friedensschluss waren, abgesehen von den „ungeschickten“ Sixtus-Briefen – selbst wenn es zutreffen mag, dass beste Absichten dahinter steckten - enden wollend.

…starb veramt auf Madeira?

Starb der letzte österreichische Kaiser völlig verarmt an einem Lungenleiden, das er sich in seinem feuchten Quartier im Exil auf Madeira zugezogen hatte?

Am 11. November 1918 verzichtete Karl notgedrungen auf „jeden Anteil an den Regierungsgeschäften“. Formell abzu-

danken kam für ihn nicht in Frage – und schon gar nicht für seine Gemahlin Zita. Sie war der festen Überzeugung, dass ein Kaiser niemals abdanken könne. Als die republikanische Staatsform am 14. März 1919 endgültig verankert wurde, weigerte sich Karl eine Verzichtserklärung abzugeben und widerrief sogar die vom November 1918. Diese Weigerung war schließlich auch der Grund für die Ausweisung der kaiserlichen Familie und die Übernahme des Vermögens des Hauses Habsburg. Das Vermögen des auf Franz Stephan von Lothringen zurückgehenden Familienversorgungsfonds wurde im Vertrag von St. Germain den Nachfolgestaaten mit Ausnahme von Österreich zugesprochen. In Österreich traf man eine Unterscheidung zwischen privatem und staatlichem Besitz, wobei das „freie und persönliche Privatvermögen des ehemaligen Kaisers und der Mitglieder des kaiserlichen Hauses" unangetastet blieb, während das Eigentum, das die Habsburger in ihrer Funktion als Herrscher besaßen (der sogenannte hofärarische Besitz) an die Republik überging.[194] Der Familienfond wurde ebenfalls als gebundenes Vermögen definiert und fiel daher der Republik zu. In der Diskussion um die Enteignung der Familie Habsburg geht es daher immer um dieses Vermögen aus dem Familienfond – nicht um ihr eigentliches Privatvermögen. Ob den Habsburgern dieses Vermögen zustünde, muss jedoch vor dem Hintergrund der Frage stehen, wie sie diesen Besitz erwerben konnten und ob es nicht, wie es der Historiker Karl Vocelka formuliert, „eine Ausbeutung der Untertanen in der feudalen Gesellschaft (war), die eine Besitzakkumulation der Oberschicht ermöglichte."[195]
Am Beginn der Frage, ob Karl, wie immer wieder dargestellt, enteignet und völlig verarmt auf Madeira starb, muss also die Feststellung stehen, die oftmals übersehen wird: Karl, der ein eher weitschichtig verwandter Großneffe Kaiser Franz Josephs gewesen war, war nicht sein Erbe und hatte daher auch zur Zeit der k. u. k. Monarchie nicht über das Privatvermögen Kaiser

Franz Josephs verfügt. Das beträchtliche private Vermögen, das Franz Joseph von seinem Onkel Ferdinand geerbt hatte, vererbte er seinen Töchtern und Enkeln, die auf Grund ihrer Verzichtserklärung unter Beibehaltung ihres Privatvermögens in Österreich verbleiben konnten. Das persönliche Vermögen Karls war auch zu der Zeit, als er Kaiser war, eher bescheiden und bestand in der Villa Wartholz in Reichenau, dem Schloss Feistritz in der Steiermark, Barvermögen, Lebensversicherungen, Mobilien und Automobilen. Allerdings waren diese Vermögenswerte bereits mit Hypotheken belastet und wurden daher zurückgehalten, da es Gegenforderungen gab – in erster Linie als Ersatz für die Kronjuwelen. Denn bereits kurz vor Kriegsende, als sich die für die Monarchie dramatischen Konsequenzen abzeichneten, hatte Karl vorgesorgt: Am 1. November erschien sein Oberstkämmerer Leopold Graf Berchtold im Auftrag des Kaisers in der Schatzkammer und ließ die gesamte Vitrine XIII mit den Kronjuwelen und weitere Schmuckstücke aus anderen Vitrinen in mehreren Koffern abtransportieren. Das weitere Schicksal der österreichischen Kronjuwelen – unter anderem der auf Maria Theresia zurückgehende Smaragdschmuck, Rubinschmuck, der berühmte „Florentiner" (einer der größten Diamanten der Welt), die sogenannte Rosengarnitur und die Diamantkrone Kaiserin Elisabeths – blieb ungewiss. Die Familie Habsburg beteuerte stets, dass ihnen der gesamte Schmuck gestohlen worden wäre; die Schmuckstücke tauchten jedenfalls nie wieder auf. Die Biographie des Schweizer Edelsteinhändlers Alphonse de Sondheimer, die erst nach seinem Tod 1966 erschien, wirft jedoch ein anders Licht auf die Angelegenheit.[196] Sondheimer, der sich darauf spezialisiert hatte, entthronten oder auch nur zeitweilig suspendierten Herrschern zum Verkauf ihrer Juwelen zu verhelfen, schilderte nämlich in seinen Memoiren, wie er im Auftrag des Sekretärs Karls, Baron Steiner, die Schmuckstücke zerlegte und die Steine daraus verkaufte. Laut Sondheimer kam Bruno Steiner 1919 mit dem

Rekonstruktion des Rubinschmucks, der auf Marie Antoinette zurückgeht und zu den Schmuckstücken zählte, die Karl mit ins Schweizer Exil nahm.

Auftrag in sein Büro, die Schmuckstücke zu demontieren (also die Steine herauszubrechen) und sowohl die Steine als auch die Fassungen in den dazugehörigen Etuis zurückzugeben. Als Grund nannte er, dass politische Bestrebungen des Kaisers im Gange seien und dass die Nachricht vom Verkauf der Juwelen störend und unvorteilhaft wirken könnte.[197] Die Zahlungen durften in keinem Geschäftsbuche verzeichnet werden und die Frage nach den Eigentumverhältnissen beantwortete Steiner mit dem Hinweis auf Gutachten, deren Beschaffung jedoch einige Zeit in Anspruch nehmen würde. Was eindeutig für die Darstellung Sondheimers spricht, ist eine derart exakte Beschreibung der Schmuckstücke, dass er sie zumindest in Händen gehabt haben muss. 1919 wurde mit dem Demontieren der Smaragdgarnitur begonnen. Während die Steine der Smaragdgarnitur von ausnehmender Qualität waren – allein die beiden Mittelsteine hatten laut Sondheimer einen Wert von

1 Million Franken – verfügte der Rubinschmuck über keinen einzig schönen Stein und der größte Mittelstein stellte sich sogar als Turmalin (Halbedelstein) heraus.[198] Der berühmte Florentiner wiederum wurde, um ihn unkenntlich zu machen in drei Teile geschnitten: „der Florentiner ‚war'. Denn er wurde ... in drei Teile zerschnitten: die Spitze war der eine Teil, und aus dem Rest entstanden, durch Zerspalten desselben, zwei weitere gewölbte Brillanten. Diese Methode wird oft von Leuten angewandt, die einen Stein nicht mehr kenntlich machen wollen."[199] Feststeht, dass Karl ein denkbar schlechtes Geschäft mit dem Demontieren der Kronjuwelen machte, da er ja nur die Steine verkaufen konnte, die per se schon unvergleichlich weniger wert waren als die intakten Schmuckstücke, und diese sich zudem mitunter als von so schlechter Qualität herausstellten, dass sie fast nichts mehr wert waren.

Zita erklärte später immer wieder, Baron Steiner hätte die Kronjuwelen ohne ihr Wissen zu Geld gemacht und wäre der eigentliche Verbrecher. Interessanterweise verlieh Kaiser Karl jedoch Alphonse Sondheimer, zu dem er ja angeblich nie Kontakt gehabt hatte, am 1. Jänner 1921 per Handschreiben den erblichen Adelstitel eines Barons.

Das Geld wurde höchstwahrscheinlich für die beiden Versuche, zumindest in Ungarn die Monarchie wieder herzustellen, benötigt und verwendet. Beide Versuche scheiterten jedoch kläglich an der schlechten Planung, Organisation und vor allem völligen Fehleinschätzung der politischen Lage. Nach dem misslungenen zweiten Putschversuch wurde Karl am 24. Oktober 1921 in der Nähe von Komorn gefangen genommen und auf Schloss Totis unter Hausarrest gestellt. Von dort ging es nach Tihany am Plattensee, wo er sein weiteres Schicksal abwartete. Die Alliierten beschlossen, dass Karl nach zwei Versuchen, die Monarchie wiederzuerrichten, nicht mehr in die Schweiz zurückkehren dürfe, sondern auf Madeira ins Exil gehen müsse. Auf einem britischen Schiff trat er via Schwarzes

Meer, Dardanellen und Gibraltar die Reise nach Madeira an, wo er am 19. November ankam. Verarmt war er damals wohl noch nicht, lebte er doch für zweieinhalb Monate im mondänen und luxuriösen Hotel Reids. Am 2. Februar übersiedelte er in die Villa Viktoria, eine Dependance des Hotels, wo er nun mit den nachgereisten Kindern lebte. Erst am 18. Februar 1922 zog die Familie in die Quinta do Monte um – die Sommerresidenz des Bankiers Louis da Rocha Machado, der ihr seine Villa zu Verfügung stellte, da nach mehreren Monaten im Luxushotel das Geld doch knapp geworden war. Die Behauptung, dass das feuchte ungesunde Klima am Verbannungsort an der Erkrankung des Kaisers schuld gewesen sei, ist schon allein insofern unlogisch, als sowohl Kaiserin Elisabeth als auch Thronfolger Franz Ferdinand zur selben Jahreszeit wegen eines Lungenleidens gerade nach Madeira geschickt worden waren. Karl erkrankte vielmehr – wie auch einige seiner Kinder – an einer schweren Grippe, an der er auch starb. Mit feuchten Mauern oder ungesundem Klima hatte dies jedoch nichts zu tun.

Nächste Doppelseite: Begräbnis Kaiser Franz Josephs am 30. November 1916.

Anmerkungen

1 Brief Maria Theresias an Gräfin Lerchenfeld am 13. 10. 1763, übersetzt nach franz. Original nach Alfred Ritter von Arneth: Briefe der Kaiserin Maria Theresa an ihre Kinder und Freunde, Wien 1881, Bd IV, S. 116.

2 Maria Theresia an Gräfin Lerchenfeld, zit. nach Arneth, Bd IV, S. 101.

3 Haus-, Hof- und Staatsarchiv (HHStA), „Protocol deren von beiden Kayl: Königl: Mayst: allergnädigst resolvirten Instructionen, Eintheillungen deren Stunden, denn anderer allerunterthänigsten in die Erziehung und damalige Studia des durchlauchtigsten Erzherzogs Josephi einschlagenden Materien bis Ende des 1752sten Jahres von des erzherzoglichen Ajo und Feldmarschalles Grafen Karl v. Batthyany“ Hs W. 517.

4 Maria Theresia an Marie Antoinette, 4. Mai 1770, in: Paul Christophe (Hg.), Maria Theresia, Geheimer Briefwechsel mit Marie Antoinette, Wien 1980, S. 20.

5 Carl Rothe (Hg.), Die Mutter und die Kaiserin. Briefe der Maria Theresia an ihre Kinder und Vertraute, Berlin 1940, S. 147.

6 Ebenda, S. 223ff.

7 Zit. nach Egon Caesar Conte Corti, Ich, eine Tochter Maria Theresias, München 1950, S. 52.

8 Ebenda, S. 67.

9 Friedrich Walter (Hg.), Maria Theresia. Urkunden, Briefe, Denkschriften, München 1942, S. 44f.

10 Werner Sabitzer, Geschichte der Prostitution, Wien 2000.

11 Zit. nach Carl Hinrichs (Hg.), Friedrich der Große und Maria Theresia. Diplomatische Berichte von Otto Christoph Graf von Podewils, Berlin 1937, S. 114.

12 Maria Theresia an Erzherzog Ferdinand, 30. Jänner 1777, zit. nach Rudolf Hoke, Quellensammlung zur österreichischen und deutschen Rechtsgeschichte, Wien 1993, S. 281.

13 Walter, S. 132.

14 HHStA, Archiv Montenuovo, Karton 1, Nr. 191.

15 HHStA, Nachlass Moriz Graf Dietrichsteins, zit. nach: Jean de Bourgoing (Hg.), Aus den Papieren des Herzogs von Reichstadt, Berlin 1925. S. 4f.

16 Zit. nach Bourgoing, Herzog von Reichstadt, S. 6.

17 Ebenda.

18 HHStA, Archiv Montenuovo, Karton 1, Nr. 46 vom 4. 9. 1823.

19 Ebenda, Nr. 66.

20 Viktor Eisenmenger, Erzherzog Franz Ferdinand. Seinem Andenken gewidmet von seinem Leibarzt, Wien 1930, S. 18.

21 Zit. nach Hans Bankl, Die kranken Habsburger. Befunde und Befindlichkeiten einer Dynastie, Wien 2001, S. 86.

22 Zit. nach Gerd Holler, Sophie. Die heimliche Kaiserin, S. 18.

23 Zit. nach Egon Caesar Conte Corti, Vom Kind zum Kaiser, Wien 1952, S. 99.

24 Gabriele Praschl-Bichler, Unsere liebe Sisi. Die Wahrheit über Erzherzogin Sophie und Kaiserin Elisabeth. Aus bislang unveröffentlichten Briefen, Wien 2008, S. 19f.

25 Praschl-Bichler, S. 78.

26 Praschl-Bichler, S. 21.

27 Széchényi Nationalbibliothek, Budapest, Tagebuch Marie Festetics, fol. 102.

28 Praschl-Bichler, S. 24f.

29 HHStA, Nachlass Erzherzogin Sophie (Tagebücher), Karton 27, 5. 3. 1855.

30 Ebenda.

31 Praschl-Bichler, S. 150.

32 Franz Schnürer, Briefe Kaiser Franz Josefs an seine Mutter, München 1939, S. 256, Brief vom 18. September 1856.

33 Praschl-Bichler, S. 150.

34 Praschl-Bichler, S. 151.

35 Praschl-Bichler, S. 130f.

36 Praschl-Bichler, S. 183.

37 HHStA, Nachlass Erzherzogin Sophie (Tagebücher), Karton 28, 31. Oktober 1860.

38 HHStA, Selekt Kronprinz Rudolf, Karton 18, Briefe Erzherzog – Sophie, fol. 7ff.

39 Wienbibliothek, Handschriftensammlung, Nachlass Heinrich Friedjung, AN 56/2, Literarische Entwürfe, Marie Festetics, fol. 101.

40 HHStA, Hausarchiv, Varia aus der Kabinettsregistratur, Varia 1-12.

41 Zit. nach Anna Maria Sigmund, Die verschollenen Tagebücher Franz Josephs, Wien 1999, S. 88.

42 Cissy Klastersky, Der alte Kaiser, wie nur einer ihn sah. Der wahrheitsgetreue Bericht seines Leibkammerdieners Eugen Ketterl, Wien 1929, S. 29.
43 Klastersky, S. 14f.
44 Jean Bourgoing, Briefe Kaiser Franz Josephs an Frau Katharina Schratt, Wien 1949 S. 241.
45 Klastersky, S. 11.
46 Klastersky, S. 15.
47 Georg Nostitz-Rieneck (Hg.), Briefe Kaiser Franz Josephs an Kaiserin Elisabeth, Wien 1966, Bd 1, Brief vom 10. Februar 1894, S. 372.
48 Klastersky, S. 19.
49 Klastersky, S. 24f.
50 Klastersky, S. 23.
51. Zit. nach Richard H. Kastner, Glanz und Glorie. Die Wiener Hofburg unter Kaiser Franz Joseph, Wien 2004, S. 146.
52 Martha und Horst Schad (Hg.), Marie Valerie von Österreich. Das Tagebuch der Lieblingstochter von Kaiserin Elisabeth, München 2006, S. 34.
53 Schad, S. 156.
54 Schad, S. 308.
55 Schad, S. 273.
56 Schad, S. 307.
57 Friedjung, fol. 95 v.
58 Nostitz-Rieneck, Bd. I, S. 55.
59 Nostitz-Rieneck, Bd. I, S. 335f.
60 Nostitz-Rieneck, Bd .II, S. 256.
61 Nostitz-Rieneck, Bd. II, S. 458.
62 Anna Nahowski, Anna Nahowski und Kaiser Franz Joseph, Aufzeichnungen, Wien 1986, S. 57.
63 Nahowski, S. 91.
64 Nahowski, S. 144.
65 Friedjung, fol. 138.
66 Bourgoing, S. 132.
67 Ebenda, S. 194.
68 Ebenda, S. 248.
69 Klastersky, S. 68.
70 HHSTA, Habsburg-Lothringen Familienarchiv, Nachlass Schager-Eckartsau 1-2, 1889 III 2 fol. 75/76.

71 Ebenda fol. 79.
72 Tagebuch Hugo Freiherr von Weckbecker, Archiv Wilhelm Weckbecker und Erggelet, Stainz
73 Praschl-Bichler, S. 111f.
74 Praschl-Bichler, S. 112.
75 Praschl-Bichler, S. 112.
76 Praschl-Bichler, S. 114.
77 Praschl-Bichler, S. 185.
78 HHStA, Nachlass Erzherzog Albrecht (Mikrofilmaufnahme des Originals im Ungarischen Staatsarchiv Budapest), Rolle 32: 11.11. 1860; Brigitte Hamann, Elisabeth. Kaiserin wider Willen, S. 148.
79 Praschl-Bichler, S. 198f.
80 Praschl-Bichler, S. 200.
81 Familienarchiv Grünne, Dobersberg. Zit. nach Brigitte Hamann, Elisabeth, Kaiserin wider Willen, S. 155.
82 HHStA, Selekt Kronprinz Rudolf, Karton 18, Briefe Kaiserin Elisabeth, f. 18.
83 Praschl-Bichler, S. 194.
84 HHStA, Selekt Kronprinz Rudolf, Karton 18, Briefe Kaiserin Elisabeth, f. 16.
85 Praschl-Bichler, S. 204.
86 Ebenda, S. 205.
87 Ebenda, S. 206.
88 Friedrich Weissensteiner (Hg), Lieber Rudolf. Briefe von Kaiser Franz Joseph und Elisabeth an ihren Sohn, Wien 1991, S. 149.
89 Praschl-Bichler, S. 214
90 Maria Freiin von Wallersee, Meine Vergangenheit, Berlin 1913, S. 50.
91 Zit. nach Egon Caesar Conte Corti, Elisabeth. Die seltsame Frau, Wien 1942, S. 150f. (Archiv Erzherzog Franz Salvator, Schloss Wallsee) sowie Auktionskatalog des Dorotheums zur Autographenauktion am 21. Dezember 2005, S. 10.
92 Archiv Erzherzog Franz Salvator, Schloss Wallsee, zit. nach Egon Caesar Conte Corti, Elisabeth, S. 152.
93 Bayerische Nationalbibliothek, Handschriftensammlung, Nachlass Sexau, Tagebucheintrag Erzherzogin Marie Valerie vom 3. September 1908.
94 Marie Louise von Wallersee-Larisch, Kaiserin Elisabeth und ich, Leipzig 1935, S. 33.

95 Wallersee, S. 48f.
96 Wallersee, S. 92f.
97 Ebenda, S. 93.
98 Széchényi Nationalbibliothek, Tagebuch Marie Festetics, 9. August 1873.
99 Wallersee, S. 53.
100 Wallersee, S. 27.
101 Constantin Christomanos, Tagebuchblätter. Erinnerungen des Hauslehrers von Kaiserin Elisabeth, Wien 2007, S. 34f.
102 Christomanos, S. 36f.
103 Wallersee, S. 54.
104 Wallersee, S. 27.
105 Wallersee, S. 28.
106 Marie Louise von Wallersee-Larisch, Kaiserin Elisabeth und ich, Leipzig 1935, S. 45.
107 Korrespondenz Regierungsrat Günther von Kronmyrth mit Kammer Ihrer Majestät der Kaiserin, Privatbesitz.
108 Rosa Albach-Retty, So kurz sind hundert Jahre, München 1979, S. 123f.
109 HHStA, Nachlass Corti.
110 Christomanos, S. 78.
111 HHStA, Nachlass Corti.
112 Eisenmenger, S. 77.
113 Irma Gräfin Sztáray, Aus den letzten Jahren der Kaiserin Elisabeth, Wien 1909, S. 22
114 Christomanos, S. 77f.
115 Tagebuch des Leopold Alram, Archiv Schloss Schönbrunn Kultur- und Betriebsges.m.b.H.
116 Christomanos, S. 75.
117 Tagebuch des Leopold Alram, Archiv Schloss Schönbrunn Kultur- und Betriebsges.m.b.H.
118 Brief an Ida Ferenczy, Nachlass Ida Ferenczy, Archiv Elisabeth Farkas, Felsöbabad, zit. nach Corti, Elisabeth, S. 440f.
119 Nostitz-Rieneck, Bd I, S. 374.
120 Nostitz-Rieneck, Bd I, S. 413.
121 Nostitz-Rieneck, Bd II, S. 45.
122 Schad, S. 156.
123 Schad, S. 299.

124 HHStA, Nachlass Corti, Corfu, 11. November 1888.
125 Schad, S. 303.
126 Schad, S. 306.
127 Mag. pharm. Martina Roschker für Schloss Schönbrunn Kultur- und Betriebsges.m.b.H, Wien 2006.
128 Sigmund Freud, Über Coca, Wien 1884.
129 Schad, S. 293.
130 Schad, S. 296.
131 Széchényi Nationalbibliothek, Tagebuch Marie Festetics.
132 Friedjung, fol. 109.
133 Wallersee, S. 95f.
134 Christomanos, S. 38f.
135 Berta Szeps-Zuckerkandl, Ich erlebte fünfzig Jahre Weltgeschichte, Stockholm 1939, S. 77.
136 HHStA, Selekt Kronprinz Rudolf, Karton 16, fol. 47.
137 HHStA, Selekt Kronprinz Rudolf, Karton 20, Notizbuch, fol. 13f.
138 Ebenda.
139 HHStA, Selekt Kronprinz Rudolf, Karton 19, fol. 379ff.
140 Wallersee, S. 88.
141 Fürstin Nora Fugger, Im Glanz der Kaiserzeit, Wien 1932, S. 323f.
142 Eisenmenger, S. 18.
143 Prinzessin Stephanie von Belgien, Fürstin Lonyáy, Ich sollte Kaiserin werden, Leipzig 1935, S. 117 f.
144 HHStA, Informationsbüro, Serie b Konfidentenberichte, Kronprinz Erzherzog Rudolf, 15.1. 1879.
145 HHStA, Informationsbüro, Serie b Konfidentenberichte, Kronprinz Erzherzog Rudolf, 16.1. 1879.
146 HHStA, Informationsbüro, Serie b Konfidentenberichte, Kronprinz Erzherzog Rudolf, 25.11. 1888.
147 HHStA, Informationsbüro, Serie b Konfidentenberichte, Kronprinz Erzherzog Rudolf, 7.11. 1879.
148 HHStA, Hofapotheke 72, Rezeptenbuch Kronprinz Rudolf und Erzherzogin Stefanie, 1886-1890, 16. Februar 1886.
149 Brigitte Hamann, Rudolf. Kronprinz und Rebell, Wien 1999, S. 389.
150 Zit. nach Irmgard Schiel, Stefanie. Kronprinzessin im Schatten von Mayerling, Stuttgart 1978, S. 169f.
151 Stephanie von Belgien, S. 166f.
152 Anonymus, der Untergang des Kronprinzen Rudolf.

153 HHStA, Hofapotheke 62, Rezeptenbuch Erzherzogin Elisabeth Marie (Fürstin Windischgrätz) Anaesthesin war eine Arznei-spezialität, die Benzocain enthält und bei Husten verschrieben wurde.

154 Louise Coburg, Throne die ich stürzen sah, Wien 1927, S. 143

155 Johann Loschek, Was ich von Mayerling weiß, in: Neues Wiener Tagblatt, 24. April 1932.

156 HHStA, Verwaltungsarchiv, Bestand Inneres, Krauß-Faszikel/ Rudolf, Polizeidirektion Wien 1/1889 fol. 120, 122.

157 Ebenda.

158 HHStA, Selekt Kronprinz Rudolf, Karton 21, Josef Graf Hoyos, Denkschrift anläßlich des Hinscheidens Sr. kaiserl. u. königl. Hoheit des durchlauchtigsten Herrn Kronprinzen Erzherzog Rudolf am 30. Jänner 1889, Februar 1889.

159 Erwin Ringel, Der Selbstmord. Abschluss einer krankhaften Entwicklung. Wien, 1953.

160 Julius Szeps, Kronprinz Rudolf, Politische Briefe, Wien 1922, S. 36.

161 Schad, S. 168f.

162 Oskar Mitis, Das Leben des Kronprinzen Rudolf. Mit Briefen und Schriften aus dessen Nachlass, Wien 1971, S. 181f.

163 Zit. nach Egon Caesar Conte Corti, Hans Sokol, Der alte Kaiser, Wien 1955, S. 124.

164 Denkschrift Friedrich Wolf (Mayerling-Archiv).

165 Denkschrift Reuß, zit nach Mitis, S. 13

166 Wallersee, S. 237.

167 Heinrich Freiherr von Slatin, die Wahrheit über Mayerling, Neues Wiener Tagblatt, 13. September 1931.

168 Schad, S. 198.

169 Bourgoing, S. 135.

170 Stephanie, S. 203.

171 HHStA, Verwaltungsarchiv, Bestand Inneres, Krauß-Faszikel/ Kronprinz Rudolf, Polizeidirektion Wien 1/1889, Nr. 124.

172 Totenbeschauprotokoll der Leiche Mary Vetseras, HHStA, Allgemeines Verwaltungsarchiv Wien, Krauß-Faszikel, fol. 104r.

173 Handschriftliche Denkschrift der Helene Vetsera, Privatbesitz, f. 105ff.

174 Denkschrift Vetsera, f. 91.

175 Denkschrift Vetsera, f. 105ff.

176 Wallersee, S. 226.

177 Fugger, S. 127f.

178 Zit. nach Karl Vocelka und Lynn Heller, Die private Welt der Habsburger, Wien 1998, S. 161.

179 Wallersee, S. 99.

180 Zit. nach Max Reversi, Erzherzog Ludwig Viktor von Österreich: Eine philosophische Studie, Berlin 1923, S. 8.

181 HHStA, Informationsbüro, Serie b Konfidentenberichte, Erzherzog Ludwig Viktor.

182 Ebenda.

183 Ketterl, S. 55.

184 Fugger, S. 319ff.

185 Fugger, S. 298.

186 Fugger, S. 301 bzw. 302.

187 Fugger, S. 311.

188 Fugger, S. 312.

189 Leopold Wölfling, Habsburger unter sich. Freimütige Aufzeichnungen eines ehemaligen Erzherzogs, Berlin 1921, S. 145.

190 Fugger, S. 332.

191 HHStA, Tagebuch Leopold Graf Berchtold, 24. August 1916.

192 Ebenda.

193 Vasja Klavora, Blaukreuz - die Isonzofront Flitsch/Bovec 1915 – 1917, Klagenfurt 1993.

194 Karl Vocelka, Die Familien Habsburg und Habsburg-Lothringen. Politik-Kultur-Mentalität, Wien 2010, S. 122ff.

195 Ebenda, S. 126.

196 Alphonse de Sondheimer, Vitrine XIII. Geschichte und Schicksal der Österreichischen Kronjuwelen, Wien 1966.

197 Sondheimer, S. 63.

198 Ebenda, S. 83.

199 Ebenda, S. 175.

Quellen

Österreichisches Staatsarchiv, Haus-, Hof- und Staatsarchiv:
Archiv Montenuovo
Nachlass Erzherzogin Sophie (Tagebücher)
Varia aus der Kabinettsregistratur
Selekt Kronprinz Rudolf
Verwaltungsarchiv, Bestand Inneres, Krauß-Faszikel
Informationsbüro, Serie b Konfidentenberichte
Hofapotheke 54: Rezeptenbuch der k.k. Majestät und der allerhöchsten Familie, 1844-1886
Hofapotheke 55: Rezeptenbuch der k.k. Majestät und der allerhöchsten Familie, Nachträge, 1844-1898
Hofapotheke 56: Rezeptenbuch Kaiser Franz Joseph und Erzherzogin Valerie und Familie, 1886-1910
Hofapotheke 63: Rezeptenbuch Erzherzog Franz Ferdinand und Familie, 1891-1918
Hofapotheke 72: Rezeptenbuch Kronprinz Rudolf und Erzherzogin Stefanie, 1886-1890
Tagebuch Leopold Graf Berchtold
Nachlass Corti
Nachlass Erzherzog Albrecht
Nachlass Schager-Eckartsau

Wienbibliothek, Handschriftensammlung, Nachlass Heinrich Friedjung

Archiv Schloss Schönbrunn Kultur- und Betriebsges.m.b.H., Tagebuch des Leopold Alram

Archiv Wilhelm Weckbecker und Erggelet, Tagebuch Hugo Freiherr von Weckbecker,

Denkschrift der Helene Vetsera, Privatbesitz

Nachlass Günther von Kronmyrth, Privatbesitz

Széchényi Nationalbibliothek, Budapest, Tagebuch Marie Festetics

Bayerische Nationalbibliothek, Handschriftensammlung, Nachlass Sexau

Neues Wiener Tagblatt

Literatur

Anonymus, Der Untergang des Kronprinzen Rudolf. Die Broschüre eines hohen Aristokraten aus der Umgebung des Kronprinzen, Wien 1923.

Anonymus, Das Liebesleben der Habsburger. Wahrheit statt Dichtung, Wien 1922.

Hans Bankl, Die kranken Habsburger. Befunde und Befindlichkeiten einer Dynastie, Wien 2001.

Jean de Bourgoing (Hg.), Aus den Papieren des Herzogs von Reichstadt, Berlin 1925.

Ders., Briefe Kaiser Franz Josephs an Frau Katharina Schratt, Wien 1949.

Louise Coburg, Throne, die ich stürzen sah, Wien 1927.

Paul Christophe (Hg.) Maria Theresia, Geheimer Briefwechsel mit Marie Antoinette, Wien 1980.

Egon Caesar Conte Corti, Ich, eine Tochter Maria Theresias, München 1950.

Ders., Vom Kind zum Kaiser, Wien 1952.

Ders., Elisabeth. Die seltsame Frau. Wien 1942.

Egon Caesar Conte Corti, Hans Sokol, Der alte Kaiser, Wien 1955.

Constantin Christomanos, Tagebuchblätter. Erinnerungen des Hauslehrers von Kaiserin Elisabeth, Wien 2007.

Viktor Eisenmenger, Erzherzog Franz Ferdinand. Seinem Andenken gewidmet von seinem Leibarzt, Wien 1930.

Fürstin Nora Fugger, Im Glanz der Kaiserzeit, Wien 1932.

Brigitte Hamann, Rudolf. Kronprinz und Rebell, Wien 1999.

Dies., Elisabeth. Kaiserin wider Willen, Wien 1982.

Richard H. Kastner, Glanz und Glorie. Die Wiener Hofburg unter Kaiser Franz Joseph, Wien 2004.

Gerd Holler, Sophie. Die heimliche Kaiserin, Wien 1993.

Ders., Napoleons Sohn. Der unglückliche Herzog von Reichstadt, Wien 1987.

M. Ketösy, Habsbugische Mesalliancen und Liebesaffairen im 19. Jahrhundert, Leipzig 1900.

Cissy Klastersky, Der alte Kaiser wie nur einer ihn sah. Der wahrheitsgetreue Bericht seines Leibkammerdieners Eugen Ketterl, Wien 1929.

Oskar Mitis, Das Leben des Kronprinzen Rudolf. Mit Briefen und Schriften aus dessen Nachlass, Wien 1971.

Anna Nahowski, Anna Nahowski und Kaiser Franz Joseph, Aufzeichnungen, Wien 1986.

Georg Nostitz-Rieneck (Hg.), Briefe Kaiser Franz Josephs an Kaiserin Elisabeth, Wien 1966, 2 Bde.

Otto Christoph Graf von Podewils, Friedrich der Große und Maria Theresia, Diplomatische Berichte, Berlin 1937.

Gabriele Praschl-Bichler, Unsere liebe Sisi. Die Wahrheit über Erzherzogin Sophie und Kaiserin Elisabeth. Aus bislang unveröffentlichten Briefen, Wien 2008.

Max Reversi, Erzherzog Ludwig Viktor von Österreich: Eine philosophische Studie, Berlin 1923.

Carl Rothe (Hg), die Mutter und die Kaiserin. Briefe der Maria Theresia an ihre Kinder und Vertraute, Berlin 1940.

Martha und Horst Schad (Hg), Marie Valerie von Österreich. Das Tagebuch der Lieblingstochter von Kaiserin Elisabeth, München 2006.

Schneider Josef, Kaiser Franz Joseph I. und sein Hof, Wien 1919.

Franz Schnürer, Briefe Kaiser Franz Josefs an seine Mutter, München 1939.

Irmgard Schiel, Stefanie. Kronprinzessin im Schatten von Mayerling, Stuttgart 1978.

Anna Maria Sigmund, Die verschollenen Tagebücher Franz Josephs, Wien–Köln–Weimar 1999.

Alphonse de Sondheimer, Vitrine XIII. Geschichte und Schicksal der Österreichischen Kronjuwelen, Wien 1966.

Prinzessin Stephanie von Belgien, Fürstin Lonyáy, Ich sollte Kaiserin werden, Leipzig 1935.

Julius Szeps, Kronprinz Rudolf, Politische Briefe, Wien 1922.

Irma Gräfin Sztáray, Aus den letzten Jahren der Kaiserin Elisabeth, Wien 1909.

Katrin Unterreiner, Sisi. Mythos und Wahrheit, Wien 2005.

Dies., Sisi. Kaiserin Elisabeth von Österreich. Ein biographisches Portrait, Freiburg 2010.

Dies., Franz Joseph I. Mythos und Wahrheit, Wien 2006.

Dies., Kronprinz Rudolf. Ich bin andere Wege gegangen, Wien 2008.

Katrin Unterreiner, Michael Wohlfahrt, Habsburgs Kinder. Kindheit am Kaiserlichen Hof. Katalog zur Ausstellung des Marchfelder Schlösservereins, Wien 2001.

Katrin Unterreiner, Sabine Fellner, Rosenblüte und Schneckenschleim, Schönheitspflege zur Zeit Kaiserin Elisabeths, Wien 2006.

Dies., Morphium, Cannabis und Cocain. Medizin und Rezepte des Kaiserhauses, Wien 2008.

Dies., Frühere Verhältnisse, Geheime Liebschaften in der k. u. k. Monarchie, Wien 2010.

Karl Vocelka, Die Familien Habsburg und Habsburg-Lothringen. Politik-Kultur-Mentalität, Wien 2010.

Karl Vocelka und Lynn Heller, Die private Welt der Habsburger, Wien 1998.

Maria Freiin von Wallersee, Meine Vergangenheit, Berlin 1913.

Marie Louise von Wallersee-Larisch, Kaiserin Elisabeth und ich, Leipzig 1935.

Friedrich Walter (Hg.), Maria Theresia. Urkunden, Briefe, Denkschriften, München 1942.

Friedrich Weissensteiner (Hg)., Lieber Rudolf. Briefe von Kaiser Franz Joseph und Elisabeth an ihren Sohn, Wien 1991.

Leopold Wölfling, Habsburger unter sich. Freimütige Aufzeichnungen eines ehemaligen Erzherzogs, Berlin 1921.

Ders., Als ich Erzherzog war, Berlin 1935.

Bildnachweis

Willfried Gredler-Oxenbauer: 3, 4, 77, 88, 195, 215

IMAGNO/Austrian Archives: Cover (rechts), 20, 37, 45, 46, 58/59, 62, 70, 80, 85, 95, 101, 107, 116, 125, 149, 157, 158/159, 160, 165, 168, 179, 185, 191

Österreichisches Staatsarchiv, Haus-, Hof- und Staatsarchiv: 8, 24/25, 29, 41, 55, 65, 66, 98, 108, 113, 133, 139, 162, 172, 199, 201, 204, 210, 216

Bildarchiv der Österreichischen Nationalbibliothek: 17, 104

IMAGNO/Schloss Schönbrunn Kultur- und Betriebsverwaltung: 42, 50/51, 74, 87/87, 121, 122/123, 151, 219

Stadtarchiv St. Pölten: 22

Kunsthistorisches Museum Wien: 49, 52, 222/223

Library of Congress: 208, 212/213

Gemäldegalerie Lemberg (Lviv): 10

Wikimedia Commons: 12

Fotoarchiv Viktor Kabelka: 83, 145

Archiv Pichler Verlag: 26, 32,

Vamity Fair: 127

ERMA-Filmgesellschaft: Cover (links)

Privatbesitz: 91

Danksagung

Mein Dank gilt abgesehen von meinem Bruder Clemens Unterreiner, der die Idee zu diesem Buch hatte, allen, die mich in den letzten Jahren bei meiner Arbeit unterstützt haben und somit zu diesem Buch beigetragen haben: Christa Androsch und Alfred Martinek (Österreichische Nationalbibliothek), Mag. Dr. Julia Danielczyk (Handschriftensammlung, Wienbibliothek), Monika Jagos und Hans Peter Zimmer (Bildarchiv der Österreichischen Nationalbibliothek) Mag. Thomas Just sowie Alfred Denk (Haus-, Hof- und Staatsarchiv), Gerald Piffl (Imagno), Dr. Michael Habsburg-Lothringen, Marianne Huber, die mir dankenswerterweise die einzige mir bekannte handschriftliche Version der Denkschrift der Helene Vetsera zu Verfügung gestellt hat, Familie Steidl, die Nachfahren des Zahnarztes Kaiserin Elisabeths, die mir Einsicht in die Korrespondenz gewährt haben, Wilhelm Weckbecker und Erggelet, der mir sein Privatarchiv für meine Recherchen geöffnet hat, Mag. pharm. Martina Roschker für die Analysen der Rezepturen der Rezeptenbücher der Hofapotheke, Dr. Silke Leidl, Dr. Brigitte Stoiser und Prof. Dr. Martin Hülsmann für ihr medizinisches Fachwissen, sowie meinen ungarischen Kollegen Pafházy János Dr., Kovács Éva, Vér Ester Virág und Tormássy Zsuzsanna, die mir bei der Übersetzung der ungarischen Quellen behilflich waren.

Das große klassische Buch über „Sisi": Verfasst nach dem schriftlichen Nachlass der Kaiserin, nach den Tagebüchern ihrer Tochter und zahlreichen Dokumenten, gibt Egon Caesar Conte Corti ein glaubwürdiges, zu Herzen gehendes Porträt Elisabeths.

Egon Caesar Conte Corti
ELISABETH
Die seltsame Frau

394 Seiten, 17 x 24 cm
Hardcover mit SU, 24 Bildseiten
€ 24,90 · ISBN: 978-3-222-12564-5

styria premium

Anhand zahlreicher Quellen zeichnet Katrin Unterreiner das kurze Leben des Kronprinzen Rudolf nach, bislang unbekannte Details werfen ein neues Licht auf die vielschichtige Persönlichkeit des Thronfolgers – und auf die Tragödie von Mayerling.

Katrin Unterreiner
KRONPRINZ RUDOLF
Ich bin andere Wege gegangen
Eine Biografie

256 Seiten, 13,5 x 21,5 cm
Hardcover mit SU,
zahlr. Farb- und SW-Abbildungen
€ 24,95 · ISBN: 978-3-222-13253-7

styria premium

ISBN: 978-3-222-13323-7

styriabooks.at

Covergestaltung: Bruno Wegscheider
Produktion und Gestaltung: Alfred Hoffmann

Druck und Bindung:
Duckerei Theiss GmbH, St. Stefan im Lavanttal